PUHUA BOOKS

我们一起解决问题

如何拥抱一只刺猬

恋爱与婚姻中的人格识别、接纳与付出

段鑫星 李文文 赵亚平 著

人民邮电出版社
北京

图书在版编目（CIP）数据

如何拥抱一只刺猬 ： 恋爱与婚姻中的人格识别、接纳与付出 / 段鑫星，李文文，赵亚平著. -- 北京 ： 人民邮电出版社，2022.2
ISBN 978-7-115-57612-5

Ⅰ. ①如… Ⅱ. ①段… ②李… ③赵… Ⅲ. ①恋爱－通俗读物②婚姻－通俗读物 Ⅳ. ①C913.1-49

中国版本图书馆CIP数据核字(2021)第202421号

内容提要

世界上没有完全相同的两片叶子，也没有完全相同的两个人。不同的人会演绎出不一样的爱情。人格是爱情质量的重要影响因素。爱情也是人们改善人格缺陷的宝贵机会。

本书涵盖了九大典型的人格类型，并且围绕每一种人格类型介绍了一个以该种人格类型者为主人公的爱情故事。通过本书，读者可以学习在亲密关系中各个人格类型者会有什么样的表现和感受；他们的恋人会有什么样的表现和感受；他们为什么会有这些表现；双方应该做些什么让爱情更甜蜜。每个人都能从书中看到自己的爱情故事的影子，也能找到实用的建议。

此外，针对每一种人格类型，作者都精选了一部影视作品或戏剧作品，为读者深入理解该人格类型提供了资源。

本书适合所有对亲密关系感到困惑的人，能够帮助读者理解自己，理解恋人，理解爱情。

◆ 著 段鑫星 李文文 赵亚平
责任编辑 姜 珊
责任印制 胡 南
◆人民邮电出版社出版发行 北京市丰台区成寿寺路 11 号
邮编 100164 电子邮件 315@ptpress.com.cn
网址 https://www.ptpress.com.cn
涿州市京南印刷厂印刷
◆开本：880×1230 1/32
印张：10 2022 年 2 月第 1 版
字数：200 千字 2025 年 1 月河北第 37 次印刷

定 价：59.80 元

读者服务热线：（010）81055656 印装质量热线：（010）81055316
反盗版热线：（010）81055315
广告经营许可证：京东市监广登字20170147号

推荐语

两个相爱的人就像两只刺猬，既期待靠近彼此，又担心互相伤害。《如何拥抱一只刺猬》讲解了 9 种典型的人格倾向，包括自恋型、表演型、强迫型、依赖型等，并且用 9 只各具特色的刺猬作为恋爱与婚姻中的个体的比喻，使得整本书读起来既生动又有趣。这本书既能科学地帮你普及有关亲密关系的心理学知识，又能解答你在亲密关系中的诸多疑问，希望每个人都能在阅读后有所成长。

雅君

十点读书主编

“爱是疗愈师，也是营养师，如果我们真的能遇到好的爱情，我们就能透过爱的滤镜，遇见更好的自己。”《如何拥抱一只刺猬》的角度很有趣，作者段鑫星教授将我们的人格倾向比喻为“爱的镜子”，用这些有趣的人格特质来解释我们为什么会选择某种伴侣、我们的伴侣为什么会有某种表现以及我们与另一半在恋爱与婚姻中要如何促进彼此的关系，甚至对某种不健康的关系要如何“当断则断”。我期待每一位读这本书的人都能遇见更好的爱情。

许川

相待心理创始人

资深家庭治疗师

在十年前的一次危机干预中，我对一对“相爱相杀”的大学生恋人说，你们两位就像冬天里的两只刺猬，接近了就相互伤害，远离了又感觉寒冷。《如何拥抱一只刺猬》正是这样一本生动有趣的恋爱人间指南。更重要的是，这或许是我近年来读到的最好的国内原创心理学科普书，我想我一定会把它推荐给我的来访者们，因为这是一本既科学、“靠谱”，又有趣、好读的心理学读物。

徐凯文

精神科医师

大儒心理创始人

前　言

爱情的底色是人格

人格是我们的心理面貌

人格是我们的心理面貌，世界上没有完全相同的两片叶子，也没有完全相同的两个人。心理学认为，人格源于个体自身的稳定的行为方式和内部心理过程。这里有两个关键词。

第一个关键词是**稳定的行为方式**，即跨情景、跨时间的稳定行为，例如，一个外倾型人格者不太可能在十年后变得内向；

同样，一个自恋型人格者即使在情景与环境发生变化时，也很难成为一个不自恋的人。当我们说“这件事就像是他做的”“这才是他”时，我们谈的就是性格的稳定性。在亲密关系中，有一个有趣的现象——“芝麻看绿豆”的缘分背后是彼此的人格的投射。人格具有稳定性，我们常常会惊奇地发现，同一类人喜欢的往往是同一种“款式”的伴侣。

第二个关键词是**内部心理过程**。发生在人的内心的心理过程往往是看不见、摸不着的，但是它们直接影响着人的行动。这些过程中有共性，例如，人类的情绪（焦虑、恐惧等），爱上一个人时的身体反应（紧张、出汗等）。当然，在内部心理过程方面，个体差异也很大。例如，有的人属于“自来熟”，人见人爱，很容易成为众人的焦点，而有的人则比较“慢热”。内部心理过程也是每个人特有的人格密码。

人格既有源自父母遗传的部分，也会受到社会情境、教育环境、生活环境等因素的影响。我们很难断言是什么直接影响了人格，但可以确定地说：人格的形成受到天生的气质、性格、父母的教养方式、教养环境及社会文化等因素的综合影响，人格是逐渐形成的稳定的行为方式和内部心理过程。

人格解读的不同维度

对于人格，不同的心理学派有不同的解读

弗洛伊德创立的精神分析学派认为，人的无意识、潜意识对人格的影响大于意识，而且童年的经历直接塑造了个体的人格。

特质学派的心理学家认为，人处在各种各样的人格特征的连续体的某一个位置上，即人格特质的每一个维度，如内倾、外倾，是有连续性的，并非是“有或无”的状态，而是“多或少”的状态。

生物学派的心理学家更看重遗传因素。他们更乐意用先天的遗传特质解释人格的个体差异。

人本主义学派认为，人的责任感以及自我接纳水平是造成人格差异的重要原因，因此该学派倡导一个人要成为自己，必须要承担责任，活在当下。

行为主义学派认为，稳定的行为方式是条件反射和社会期待的结果。

认知学派则通过个体对信息的加工方式来解释行为的不同，

例如，抑郁的人会用悲观的方式看待自己与恋人之间的关系，偏执的人往往对恋人多有猜忌……

因此，我们可以这样理解：人的行为往往是一果多因或一因多果的，人的行为之间并非单一的因果关系。自然，在人格心理学中，没有一种理论是绝对正确的，它们只是为我们理解人格提供了各种不同的视角。

理解人格

我们需要理解的是不同学派对同一种心理现象的解释，例如，抑郁。抑郁可能是我们所有人都体验过的一种情绪。

在弗洛伊德看来，抑郁就是一种自我攻击，“朝自己撒气”，它是一种无意识的状态。

特质理论关注哪一些人更容易抑郁，认为一个人当前的情绪水平是预测他今后的情绪水平的重要指标。换句话说，通过一个孩子七岁时的抑郁水平，我们可以预测他十七岁时的抑郁水平。

生物学派的人格心理学家认为，有些人可能生来就对抑郁比较敏感，天生就是比较脆弱的人，他们在面临压力的时候比一般人更容易抑郁，而且有这种遗传倾向的人在生活中也经常会体验到抑郁情绪。反过来讲，天生钝感的人往往不是抑郁的易感人群。

人本主义学派的人格理论家一般认为抑郁可能与内在的自尊相关，一个人只有接纳当下的自己，与自己和解，才能走出抑郁。

行为主义学派认为，导致抑郁的主要原因是自身的负面经验，即人沉溺于负面的强化物，例如，失败的恋爱、学习上的挫折、交友与职业的不顺利等。这些反馈慢慢造成了习得性无助，这种情绪会泛化到生活的各个角落。

认知学派认为，个体对情境的解释是乐观的还是悲观的，直接影响情绪的表达。有的人把控制力不足理解为暂时的困难，而有的人则把它理解成个人能力不足，前者就不像后者那样容易抑郁。每个人心中都有一种过滤机制。容易悲观的人总会用容易导致抑郁的方式解释世界，因此抑郁的人更容易回忆起那些不开心的事。简而言之，人之所以变得抑郁，是因为他们的思维方式容易引发抑郁。

我们看到这些解释时，也会产生似曾相识的感觉。每个人都要维持自己人格的稳定性与内部过程的一致性，因此我们就会寻找与此一致的解释。

此外，文化对人的塑造作用的最终体现就是人格。不同的文化对个体的人格有不同的影响。我们生活在集体主义文化中，倡导并强调家国情怀。我们认为“一滴水，只有在大海里才不会干”，整体大于部分，集体重于个体。我们的文化更多地强调人与人之间的相互依赖，认为亲密关系便是相互依恋，你中有我，我中有你。所以在亲密关系中我们更多地强调“夫妻同心，其利断金”，强调父母、子女各就其位的家庭秩序。家庭这个社会细胞承载着社会与文化的功能。而个人主义文化更多地强调个体的成就。个人主义文化认为在亲密关系中，界限很重要。这是个人主义文化与集体主义文化在亲密关系中的不同表现。

不同的人格在亲密关系中的展示

我们每一个人的人格特征都是连续谱上的一点，而且不同的人格类型之间并没有绝对的界限。尽管如此，人格的分类仍然可以帮助我们很快地找到自己所在的位置。这有点像星座。没有人认为星座能够精准地描述我们每一个人，同样，人格的分类也是如此。在人格的一端与另一端之间，在正常与异常之间，存在大片的灰色区域，**我们多数人的人格都散落在灰色区域之内。**

健康的人格是有弹性的，是有韧性的，是能够成长的；而不健康的人格（如反社会型人格）的成长性与改善性颇具争议。

在数十年的围绕情感与亲密关系的咨询中，我也发现：潜藏在行为背后的人格往往在暗中导演着我们的亲密关系，例如，依赖型人格者往往会被控制型人格者吸引，而回避型人格者的最佳搭档可能是问题解决型的人。“一把钥匙开一把锁。”两性关系中的彼此吸引、相互依恋、难舍难分，甚至相互纠缠的背后都是人格在起作用。

为方便读者更好地了解自己及恋人的人格类型，本书借用了人格心理学中的部分人格类型，它们分别是自恋型人格、表演型人格、偏执型人格、强迫型人格、回避型人格、依赖型人格、边缘型人格、抑郁型人格、反社会型人格。只有从人格层面理解亲密关系，我们才能更好地理解恋人的行为模式、处事风格、爱情表达方式等。事实上，**人格类型的划分也并非绝对，每个人都是几种人格类型的结合体**，例如，偏执型人格者身上往往有自恋的一面（表现为自大、自以为是），有时候他们也会出现反社会型人格的特征——对他人的动机与行为的非善意猜测，甚至有时候会出现与回避型人格者相似的对社会交往的严重回避……我希望读者在阅读本书时不要简单地对号入座，或者对你的另一半进行归类，因为任何结论都可能对现有的亲密关系造成伤害。你将从本书中获得人格的概貌，以及如何以人格为通道，理解一类人特有的情感表达方式、情绪状态和相处方式。但我还有一个很重要的提醒：这本书可能会帮助你辨别

“爱情恶魔”，远离“PUA”（情感操控）型恋人。

心理学家詹姆斯曾经断言：“在三十岁时，人格就像铁板一块，完全不会松动。”事实上，每个人在一生中都有无数次改变命运的机会，这些机会能让我们觉察甚至改变自己的人格。心理学家荣格也说过：“人终其一生都在整合童年时形成的性格。”

好的亲密关系是一种依恋性的联结，是伴侣之间的长期的、持久的相互照料、相互滋养、相互扶持。共同成长让彼此变得更好。爱是疗愈师，也是营养师，如果我们真的能遇到好的爱情，我们就能透过爱的滤镜，遇见更好的自己。好的亲密关系能帮助你把不愉快的过往扔在风中，开启一段令人欣喜的人生之旅。自然，糟糕的亲密关系会对我们的人际关系、自我功能造成伤害，其影响甚至是毁灭性的。期待本书可以带给你一双慧眼，让你能够有效地辨别亲密关系中的陷阱，更好地享受爱情的美好，以及更好的彼此。

人格是一面镜子，我们遇到的爱人往往是自我这面镜子的投射，我们选择的恋人反映了我们的需求，以及我们内心的恐惧；“你是谁，你就会遇到谁”，是我们的人格让彼此相互吸引。

两个相爱的人就像两只温柔的刺猬，它们既期待相互靠近又担心被对方伤害。

自恋型人格者只爱自己身上的刺；

表演型人格者的每一根刺上都写满了故事；

偏执型人格者的刺往往尖利却又带伤；

强迫型人格者的刺齐刷刷地排列着，TA追求完美，不允许感情有丝毫的差池；

回避型人格者把TA的刺都藏了起来，你没有机会碰到它们；

依赖型人格者把TA的刺放在恋人的身上，TA希望把自己的刺变成恋人的一部分；

边缘型人格者的刺千奇百怪；

抑郁型人格者的刺上写满了忧伤；

反社会型人格者的每一根刺都很锋利，甚至有毒……

每一种人格都是不一样的风景，我们每个人都是“不一样的烟火”，每一对恋人也都是独特的存在。

当两只刺猬相互靠近时，如何做到“亲密有间”是每一对恋人都需要修习的功课。针对每一种人格类型，本书从案例展示、爱情图式、爱情写真、爱上这只刺猬后的感觉、如何与TA相处等角度展开叙述，有趣、有味、有料。期待你我一起阅读，共同成长！

目 录

第 1 章 自恋型人格的爱情

自恋型的刺猬认为自己身上锋利的刺是它们最迷人的铠甲。

第 2 章 表演型人格的爱情

表演型的刺猬是明星，它的刺闪闪发光。

第 3 章 偏执型人格的爱情

偏执型的刺猬满身是刺，一旦他人侵入它的领地，它就会竖起这些刺，并将刺伸向对方。

第 4 章
强迫型人格的爱情

强迫型的刺猬的刺非常整齐，它不能忍受一丝凌乱。

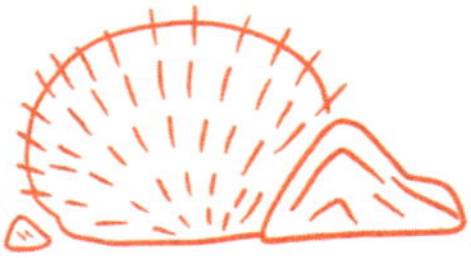

第 5 章
回避型人格的爱情

回避型的刺猬自卑，容易退缩，总喜欢缩成一团。

第 6 章
依赖型人格的爱情

依赖型的刺猬既黏人又顺从，它与恋人紧紧相拥，牢牢地抓着对方。

第 7 章
边缘型人格的爱情

边缘型的刺猬柔软、易受伤，它的刺有时立着，有时收起，它经常被自己阴晴不定的情绪困扰。

第 8 章
抑郁型人格的爱情

抑郁型的刺猬独特且迷人，它身上的刺令人目眩，让它与众不同。

第 9 章
反社会型人格的爱情

反社会型的刺猬充满攻击性，在亲密关系中渴望获得操纵感。

第 1 章

自恋型人格的爱情

自恋型的刺猬认为自己身上锋利的刺是它们最迷人的铠甲。

案例：跌入爱河如入迷雾

男主视角：征服一段爱

李洲是一家小有名气的家装设计公司的老板，与坐在办公室里“指点江山”相比，他更喜欢应酬，因为当他与人交往时，别人会被他帅气的外表与多年积累的专业知识吸引。当对方用充满敬佩甚至迷恋的眼光看着他侃侃而谈时，这便是他最享受的时刻。

经人介绍，李洲认识了高校教师张小。张小找李洲只是为了找一家家装公司装修新房。但是，李洲第一次见到张小时，就被这个有着大大的眼睛、白白的皮肤的女孩吸引了。在那一瞬间，一个念头在他的脑海中闪过——“我一定要征服这个女生”。

李洲对张小展开了猛烈的追求。在装修中他亲力亲为，为张小排忧解难。他深知自己的哪方面最吸引人。在两个人交谈时，他一直让自己保持最好的状态，连抬头、点头的角度，微笑的弧度他也刻意地控制着，好让自己时刻散发魅力。他用自己的专业知识为张小解答疑惑，提出了许多令张小满意的建议，还自然而然地聊起了其他话题。从家装资讯到时事，再到张小的专业，李洲在方方面面都散发着魅力，他希望这个女孩能为他倾倒。而事情也的确如李洲所愿——张小主动添加了李洲的联系方式。她感觉自己被深深地吸引了。

两人相处半年后，李洲向张小求婚了，求婚的仪式非常感人。仪式在张小生日那天进行，李洲十分用心，张小心怀感动地答应了。李洲觉得自己是世界上最幸福的男人。在李洲心中，此时的张小满足了他对妻子的一切幻想——姣好的相貌与身材、有前景的职业、落落大方的举止、良好的个人修养……这是他原来想都不敢想的幸福，这一切都让他在朋友中非常“有面子”。每次与张小一起出席聚会，他都会成为大家羡慕的对象。最重要的是，他认为张小非常爱他，也是完完全全属于他的。

两个人结婚后，李洲为他们的婚后生活做好了计划，例如，每年旅行一次，婚后一年开始备孕，婚后三年准备生育二胎，等等。当然，更重要的是，两周一次的朋友聚会，张小都必须陪他参加，因为这样他才可以让周围的人知道，嫁给他的张小有多么幸福。而张小是否有工作上的困惑或烦恼，都不在李洲的关注范围之内。

女主视角：被吸引与被贬低

张小是一名高校老师，由于需要装修房子，她经同事介绍认识了现在的丈夫李洲。

第一次见面时，张小就被长相颇为帅气、举止彬彬有礼的李洲吸引了——与自己身边的那些不修边幅、只喜欢搞研究的同事相比，李洲显得如此独特而有魅力。虽然她在聊天中得知，李洲的学历与自己相差很大，但是他对于时事的侃侃而谈以及因浸入社会多年而练就的极高情商都让张小感觉十分舒服。确定好装修方案后，李洲明明可以让其公司的员工与张小对接，但是他并没有这样做，而是每次都亲力亲为。在每一次的相处中，张小都觉得李洲好像非常懂自己，有时候他仅仅通过自己的一个眼神、一个细微的举动，就能明白自己的想法，而李洲也有意无意地对张小的长相、学历，以及工作表现出了欣赏。就这样，张小慢慢地沦陷了。

两个人很快就确定了恋爱关系并走入了婚姻。当时的张小觉得，自己真的很幸福，因为她找到了这样一位完全懂自己的灵魂伴侣。他了解自己的每一个想法，他可以把生活安排得井井有条，他会带着自己去参加朋友的聚会，让自己融入他的圈子，他还经常制造小惊喜。周围的同事和朋友都很羡慕。但是好景不长，一段时间后李洲好像变了个样子。虽然他表现得依然得体、自如，但张小慢慢发现，在他心中，她似乎变成了可有可无的存在，而且她的存在似乎只是为了衬托他的伟岸与优秀。例如，婚后不久，李洲就为两个人的生活制订了计划，这个计划是李洲一人制订的，他完全没有听取她的意见。计划是从李洲的角度制订的，例如，他们每年要在李洲休假的时候进行一次旅行，每两周都要参加李洲的朋友组织的聚会，甚至何时生第一个孩子、何时生第二个孩子，李洲都计划好了，而作为妻子的张小，只能选择遵循。除此之外，只要张小不随李洲的心意，他就会贬低张小，说她在高校待久了，“社会智商”为零。此外，他在家庭生活中表现出了大男子主义的倾向，例如，李洲不让张小穿露肩的衣服，不让张小在与小姐妹一起外出时化妆，更不让她与其他异性交流，哪怕是因为工作需要。一旦李洲发现张小没有按照他的要求做，等待张小的就是李洲的暴怒。

让张小真的难以忍受的是前段时间发生的事情。当时张小有一个研究项目到了关键时刻，于是在李洲提出参加朋友聚会时，她委婉地拒绝了，这个拒绝引起了李洲的愤怒与奚落。李洲嘲笑张小：“高学历有什么用？！大学老师有什么好的？！不过是个徒有其表的职业，一个月的工资都没有我一天挣的钱多。你干脆辞掉工作做家庭主妇得了，这样你还能好好照顾家。”

虽然张小的学历与丈夫差距很大，但是当初张小并不在乎，她觉得丈夫的优点远远大于这个小小的不足，而且丈夫爱她，非常支持她的工作。张小很难理解，为什么当初非常尊重她的职业、支持她的工作，并能偶尔为她的工作提建议的丈夫现在这样贬低自己，甚至在生活中打压自己，对自己的工作指手画脚。她困惑地想，现在的自己是否真的像丈夫说的那样一心扑在了工作上，太不顾家了？

“直男”还是“自恋”

其实在生活中，和张小有同样的烦恼的女性很多。为什么恋人总是阻止自己发展事业？为什么明明自己是想为家庭增加点收入，但是对方却不领情，反而阻挠？他们要求你做这做那，却总是忽略自己在这段关系中应该承担的责任。

以李洲为例，他要求张小按照他的计划生活，对张小有较强的掌控欲，一旦他的要求被拒绝，他就会十分愤怒。首先，李洲有强烈的优越感，自高自大，他觉得自己无所不能，觉得自己是最优秀的，觉得自己的想法都是正确的，他希望受到别人的关注，希望别人以自己为中心。所以在亲密关系中，他强制要求恋人按照自己的想法做事，操控恋人的生活，对方稍有冷落就会引来他的暴怒甚至敌视。其次，李洲又是低自尊者，稍不如意就会对自我价值产生怀疑，常常嫉妒并贬低身边的人。他奚落、打击张小，并拿自己的长处贬损张小，说张小的工作“毫无价值”，说张小的收入不如自己多，说张小在工作上浪费时间，不顾家。最后，李洲缺乏共情能力。他希望张小能够按照他的计划生活，却没有思考这样的生活会不会给张小带来不快。他口口声声指责张小不顾家，要求她放弃工作照顾家庭，却忽略了自己也是家庭的一分子，应该有所付出并承担责任。

一提到这种现象，大多数人会抱怨对方是个不折不扣的“直男”，但实际上这并不是问题的核心。这不是男生独有的“直男”现象，而是自恋型人格的典型特征。

自恋型人格的爱情图式：
我的优秀与独特无与伦比

恋爱中的一方是自恋型人格的亲密关系是什么样子的呢？

这就像李洲和张小的爱情。李洲有强烈的优越感，自高自大，总认为自己是正确的，所以在与张小的相处中，他操纵张小的生活，同时对张小进行打击，贬低张小的事业，责骂她不顾家。日复一日地处在这样的氛围中，张小觉得自己仿佛真的有错。

而与自恋型人格者的爱情在一开始是非常美好的，甚至可以用“完美”形容，因为自恋型人格者开启一段亲密关系的第一个阶段是“**爱情轰炸阶段**”。他一眼就锁定了自己的“猎物”，并会想方设法地散发魅力，让对方产生好感并深陷其中。他会营造一种充满爱的氛围，用“高浓度的爱”追求对方——频繁地表达思念、在生活中随叫随到、“秒回”信息等，一切对方期待的、爱情中应该有的画面，他都会为对方营造。除此之外，自恋型人格者通常非常聪明，他能够迅速地了解对方的喜好，并投其所好。无论对方喜欢哪种类型，他都“正好”是对方期待的样子。但一个人在爱上自恋型人格者后，往往会觉得哪里不对劲——自己好像变得焦虑而敏感，会否定自己，会不断地道歉，甚至在发现伴侣的表述或行为前后矛盾时也会为伴侣找借口。

这时，自恋型人格者就进入了爱情的第二个阶段——“**爱情操控阶段**”。在对方爱上自己后，他为了让对方为自己的需求提供持续性的支撑，会在相处中不断地歪曲、改写事实，借此潜移默化地让对方产生自责、内疚、自卑等情感。对方往往会感到自己没有价值，不值得被更好地对待，会认为所有问题都是自己的错，甚至为自恋型恋人的错误承担责任。渐渐地，对方在这段亲密关系中彻底丧失了主动权。

如果此时对方还没有从这段亲密关系中脱身的话，第三个阶段便是“**惨烈的结局**”。因为自恋型人格的个体通常无法与人建立长期的、稳定的亲密关系，所以一旦他们在这段感情中得到了自己想要的爱与关注，或者遇到了他们认为比对方更优秀、更适合自己、更能证明自己的魅力的对象，他们就会舍弃曾经的恋人。

> 电影《消失的恋人》的女主人公艾米就是自恋型人格者，而这部电影也充分地展示出了自恋型人格者在亲密关系中的操控欲。艾米，知名大学的讲师、畅销书的作者，是众人羡慕的对象。艾米遇见尼克后，被他深深地吸引了，想紧紧地抓住他。她知道尼克喜欢的是“酷女孩”，于是在两个人的相处中，她极力地表现自己，通过做“酷女孩”常做的事情来吸引尼克。甚至在婚后，她仍保持着这个“人设”。然而，自恋型人格者是骄傲自大的，也是脆弱的，他们不能忍受生活中的“不完美”，不能忍受对方脱离自己的控制。

自恋型人格者的感情世界就是这样，他们的每一段感情，都是因他们自己的需求而开始。他们把自己包装成对方期待的样子，然后通过“追逐”和“驯服”来控制对方。他们一旦发现对方不能满足自己的需求，或者找到了更能体现自己的价值的人，就会伤害甚至抛弃对方。在亲密关系中，自恋型人格者时刻希望对方百分百地关注自己，他们在感情中是典型的“双标者”，他们强迫性地寻求伴侣的欣赏，却不会欣赏对方。一

旦受到一点质疑或者限制，自恋型人格者就会从“为你付出一切的魅力模式”跳转到“一切都是你的错的欺凌模式”，变得粗鄙、不可理喻、喜怒无常。他们过度夸大自我价值，对别人十分冷漠，喜欢通过操控对方的一切来满足自己的需求。这往往会给对方带来极大的精神痛苦和心理压力。

自恋型人格的爱情写真：我爱的其实是我自己

我是特别且优越的，找到我，是你此生最大的荣幸

自恋型人格者通常是高自恋、低自尊者，一方面，他们对自己极度自信，认为自己是最好的、最优秀的，认为恋人应该以他们为中心，听从他们的安排；另一方面，自恋型人格者又是低自尊者，他们害怕恋人贬低自己。为了避免遭到恋人的贬低，他们会否定对方、指责对方，借此获得安全感与成就感。前面的案例中的李洲就是一个典型的例子。当生活中出现分歧时，李洲希望张小能听从自己的吩咐，按照自己的想法做事情。

因为他觉得，自己更聪明、能力更强，更重要的是，自己的收入是张小的许多倍。当张小不愿意时，他就会表现出愤怒或者痛苦，并极力劝说对方。若对方还是不采纳他的意见，他便会通过反复游说、唠叨、向对方施压等办法，让对方妥协，从而得到自己想要的结果。同时，李洲最大的劣势是他的学历，他在这方面是自卑的，所以他总是抨击张小的工作，并劝说张小辞职做家庭主妇、全力照顾家庭。

无敌模式——我没有弱点，更没有错误

在亲密关系中，自恋型人格者永远不会承认自己的错误，因为他们认为自己永远是对的。当他们与恋人发生冲突时，无论原因是什么，有错的永远是对方，他们会找出无数的理由指责对方，却很少反省自己。他们有很强烈的怪罪心理，会通过否定对方、把责任推给对方来满足自己的心理需求，减轻自己的内疚感。

自恋型人格者不能接受别人的批评，也听不进去他人的劝告，因为他们对自己很满意，认为自己永远是正确的。因此，他们总是将错误归咎于他人。在亲密关系中，他们极度缺乏自我检讨的能力。

欺凌模式——恋人只有一种选择，那就是听命于我

自恋型人格者在亲密关系中的最极端、最直接的表现就是喜欢控制恋人。一旦与对方确定关系，他就开始逐步操控对方的一切，他的控制不仅表现为行为上的限制与约束，还表现为精神上的控制。行为上的控制比较明显，例如，李洲在婚后计划好了张小要做的一切，并且禁止张小与异性交流。在亲密关系中，自恋型人格者总会自以为是地要求对方做某些事情，从表面上看他是在表达对对方的关心，实际上他是在通过控制对方的行为来满足自己的心理需求。精神上的控制则表现为当对方做了不符合他的心意的事时，他会用开玩笑的语气批评对方；当恋人感到不满并想表达的时候，他就会不屑地表示对方小题大做，开不起玩笑。对方虽然会感到难过，但是为了维持彼此的关系，会选择忍耐，这导致对方的底线越来越低。如果被批评的次数多了，对方就会思考自己是不是真的做错了，并不自觉地为对方辩解。这样的生活对对方而言无比痛苦，但他又无法说再见。而自恋型人格者则借此达到了控制恋人的目的，得到了这段亲密关系中的主动权，满足了自己的控制欲，并从中得到了愉悦与安全感。

共情匮乏，难以换位思考

面对同样的错误，如果是对方做错了，自恋型人格者会不断地指责，而如果是他自己做错了，自恋型人格者不但不会低头认错，而且会运用各种方法让对方觉得自己才是做错的那个人。例如，约会迟到是非常常见的一件事情，如果迟到的一方是自恋型人格者，那么无论对方怎么表达不满都没用，因为他会找出无数的理由为自己开脱，甚至会用“这点小事，你都要计较”的态度让对方觉得自己才是做错的那个人。如果这个时候对方生气了，甚至反应激烈，那么他就落入了自恋型人格者的圈套。自恋型人格者就是希望激起恋人的极端情绪，然后站在道德的制高点上指责对方。而如果迟到的是对方，他就会找出各种理由指责对方，对方的任何解释都没有意义。

除此之外，当自恋型人格者为恋人制订各种计划、控制恋人的行为的时候，他们从不考虑对方是否有时间、是否愿意去做这些事情，以及自己的行为会不会给对方造成困扰，这些永远都不在自恋型人格者思考的范围之内。

光辉形象模式，自我高于一切

一开始，自恋型人格者总会把自己美化成对方期待的样子，让对方感觉他就是自己的“真命天子”。但是一段时间后，对方就会察觉，自己的恋人与一开始时的他完全不同，他并没有自己想象中的那么美好，自恋型人格者的自私、自大等缺点会逐渐显露出来。尤其是当两个人之间出现矛盾时，自恋型人格的个体总会找借口逃避责任。他们总是在解释、推脱，而不是在解决问题。即使被对方当场指出了错误，他们仍能够做到视若无睹，因为他们从心底认为这并不是自己的错，自己永远没有错。他们不仅美化自己，也美化自己的恋人。他们会认为对方是最完美的，是最理想的伴侣，他们所做的一切都是对方认可和接受的。而一旦这种幻想破灭，一旦他们发现对方不再是预想之中的那个人，他们就会毫不犹豫地将对方踢出局。

爱上自恋型人格者：在鸡蛋上跳舞

与自恋型人格者恋爱或结婚是一种什么感觉呢？与自恋型人格者相爱的人一般会陷入一种两难境地——明明知道对方在对自己进行“感情虐待”，亲密关系中充满了冲突与伤害，自己是被伤害的那一方，自己却无法彻底与对方说再见，甚至在问题出现后会找借口为对方开脱。自恋型人格者的爱表现为爱自己的一切。自恋型人格者要求得到无私的爱、无条件的赞美，他们希望以此证明自己无所不能。与自恋型人格者恋爱、结婚的你必须与他融为一体，你不能是自己，只能是他的影子。只要你提出不同的意见，对方就会有强烈的被抛弃、被否定、被责备的感受，他会勃然大怒、立即翻脸。事实上，自恋型人格者的情感往往是匮乏的、有缺陷的。

与自恋型人格者相爱的过程可以分为三个阶段。在第一个阶段，你会觉得他是最完美的爱人，他那么体贴你、理解你，他的每一个动作、每一个想法都那么符合你的心意，你在不知不觉中沦陷了。你觉得他是特别的、独一无二的存在，他和你接触的其他人都不一样，与他的相处仿佛给你平静的生活带来了不一样的色彩，他让你感受到了生活的魅力与激情。他对你的好让你觉得真爱来了。

然而，一段时间后，一般是在你们确定关系后，你就会发现好像哪里变得不一样了。他开始贬低你，对你百般挑剔，有时甚至很多天不与你联系。他操控你的行为甚至思想，而你希望你们的关系回到最初的样子，于是你开始按照他的要求改变，但是效果却微乎其微。在这个阶段，你会开始思考：你做的很多事情是不是都错了，你们之间的矛盾是不是都是自己的原因，自己是不是太敏感了。你道歉的次数越来越多，你觉得在这段关系中有很多不对劲的地方，但是你又说不出来。

在最后一个阶段，在这段关系中你明明感觉很痛苦，但是你很难结束这段关系。你已经对他产生了依赖，你会习惯性地为对方的错误找借口。即使你发现他的言行相互矛盾，你还是会思考是不是自己的问题。而对于自恋型人格的他而言，在这段关系中，他得到了他一直渴求的爱与关注，你已经被他牢牢控制，而他对你的爱却在慢慢减少。当他遇到新的、更优秀的、更能满足他的需求的、更能证明他的魅力的对象时，他就会开始新的追求，而你会被抛弃。与自恋型人格者相爱注定是痛苦的，因为他们追逐爱情只是为了获得满足感与安全感，他们的感情都是短暂的。

理解 TA：
缺乏现实感

1914 年，弗洛伊德在他的论文《论自恋》中首次系统地论述了自恋问题。自恋源于力比多（Libido）。弗洛伊德认为个体在生命的早期都是自恋的。随着个体的社会化的发展，个体逐步将“爱自己”扩展至“爱他人”。自恋有两种：原发性自恋和继发性自恋。个体在生命的早期为了应对与母体分离的焦虑，需要在一段时期内将养育者当成自己的一部分来体验。在这个时期，孩子将养育自己的人当作自己的一部分来爱，这被称为原发性自恋，它是一种生存本能，其目的在于自我保护。原发性自恋每个人都有，是人类得以生存的基础。继发性自恋是指孩子在成长的过程中，慢慢地将自己投向客体。若个体在投射过程中遭遇挫折，这种朝向外界的爱就会折返回自我，这就是病理性自恋。这类人长大后，在爱的选择中，不是以他人为中心，而是以自我为中心。他们爱的对象是自我，即便在爱他人时，他们也将他人当作自己的一部分来爱。研究者普遍认为，成年的自恋型人格者往往具有“公主气质”或“王子特质”，这往往是借由父母的追捧、夸奖、无原则的赞赏与迁就形成的。他们形成了“我比别人更优越”的想法，然而，他们的内心是脆弱的。因为他们不够自信，所以他们必须事事强于别人。

这样的孩子的内心声音是：“我既不优秀，也不独特，因此我必须不断地让自己看起来既独特，又优秀。”他们更加关注自我形象，特别是他人眼中的个人形象，在行为方面表现为自夸、喜欢受人赞扬等。

如何与自恋型恋人相处：
拥抱现实与真实

越优秀的人对自恋型人格者越有吸引力，因为优秀的伴侣更能满足他们自身的需求。“完美”的伴侣才能证明他们的价值。但是他们又是低自尊者，需要通过不断地获得外部的认可来维持脆弱的内心。一部分人会一边通过向外界展现他们的优秀与强大来获得他人的爱慕，一边通过贬低或压制他人来彰显自己的优秀，满足自我保护的需要。所以，一旦你与自恋型人格者确定了恋爱关系，你就不再是他们之前极力想争取的那个人了。他们反而会通过贬低你来达到自我保护、自我满足的目的。一旦你们之间出现矛盾，他就会暴怒，或者对你实施冷暴力。你向他道歉，他却不接受。他变得特别冷漠，这让你感觉特别孤单。

因此，爱上一个自恋型人格者是一件非常具有挑战性的事。我们都想拥有一个健康的恋人，但是当爱情来临时，我们往往无法准确地做出判断。如果你真的爱上一个自恋型人格者，在相处中对方已经开始对你进行打压，那么这个时候你就要好好地思考一下这段感情了，你可以运用以下策略。

1. 思考自己为什么会被自恋型人格者吸引

自恋型人格者是独特的，他与你接触的其他异性都不一样，而这个独特的人恰恰是你理想中的恋人的样子。为什么会这样？在你们刚开始相处时，他会分析你的需求，按照你期待的样子表现自己——这只是你沦陷其中的一部分原因。而另一部分原因可能与你早期的爱与被爱的经历有关。

在自我发展的每个阶段，我们都会经历爱与被爱，这些经历塑造着我们的各种情感体验——我们如何感知爱，会爱上什么样子的人，以及会用什么样的方式爱人。我们都期望获得恋人的满满的关心，那么我们会获得吗？其实很多时候，我们都在预设对方的反应，我们倾向于刺激对方做出我们预设的反应。也就是说，不同的期待将引发不同的反应和行为，关系也会因此朝着不同的方向发展。

如果你有一位温柔、细心且能很好地满足你的各种需求的母亲，那么你更容易形成安全型依恋，成年后的你会选择一个与你的母亲类似的人相恋，你不会过于依赖他人，不会因为分离感到过度苦恼。你会非常享受这段爱情。假如在应该与母亲于心理上融为一体的阶段，你的母亲没有及时满足你对爱的需求，那么在以后的成长中，你会对爱产生过度的渴望，并且过度敏感。如果你的母亲不能持续地满足你的需求，那么成年后的你会渴望一段亲密无间的爱情。你将充满不确定感，你会非常敏感，会时常给自己消极的暗示。这样的你会被一位能够抚慰你、给你足够的安全感的人吸引，因为这样的人能让你感到放松和满足。如果你有一位冷漠、严苛、挑剔的母亲，那么成年后的你更倾向于与恋人保持距离。你需要亲密关系，但是你不愿意与对方太过亲近，因为你认为独立和自由比亲密的恋情更重要，你会让对方有距离感。

如果你属于后两种情况，那么你很可能被自恋型人格者吸引。无论是容易陷入他人的“爱情陷阱”，还是对与他人接触充满恐惧，其原因都在于你期待一份完美的爱情。而自恋型人格者在与你相处的第一个阶段，会给你一段完美的爱情，你会被他深深地吸引。在你们相处一段时间后，你会发现他并不像你想象的那样完美，他有很多让你难以接受的缺点。而你的内心深处需要这样的一份亲密关系，因此你会放低姿态，理想化你的爱人，并把你们之间的矛盾都归咎于自己。

没有一个人的童年是完美无缺的，在成长的过程中，我们都在经历各种来自亲密关系的冲突。解决问题的第一步就是找出原因——到底是什么导致了这段不健康的亲密关系的开始。

2. 保持理性，找回现实感

自恋型人格的恋人会为你创造一份完美的爱情，但是现实中真的有完美的爱情吗？答案当然是否定的。当你发现一切都很美好的时候，你需要提醒自己冷静下来。爱情中固然有激情和冲动，但真正的爱需要经过时间的检验。所以，当你被这份“完美”的爱情吸引时，当你因他所做的一切感到从未有过的幸福时，你要停下来想一想。你真的了解这个人吗？他给你带来的完美爱情是真实的吗？

当然，这是一个非常困难的阶段，因为你要从极致的幸福感中脱离出来，回归现实，你需要抹掉亲密关系上的理想化色彩，重新认识自己和对方，把双方都看作不完美的现实中的人。自恋型人格的爱人会在与你确定关系前为你制造一个完美的世界，他会将这个世界中的所有不完美都抹掉。确定关系后，他会尝试改变你，他不能容忍你的“不配合”。而健康的爱人则会自然而然地给予你温情与爱意。在你们遇到问题时，他会与你交流自己的想法与心意，他也愿意聆听你的心意，理解你的心情。在你遇到困难时，他会鼎力支持。这是自恋型人格的恋人做不到的。

所以，当你察觉你的爱情在刚开始时过于完美时，你一定要保持理性，从理想化的状态中脱离出来，在现实中思考这段感情，以及给你营造完美爱情的他。

3. 建立边界，坚持做自己

与自恋型人格者相恋时，最可怕的事情就是完全失去自我。他一点点地侵入你的世界，侵占你的生活，慢慢地让你很难离开他；他对你的贬低与指责让你产生自我怀疑与自我否定；当矛盾出现时，你会不自觉地为他找借口、自我欺骗……这都是丧失自我的表现。此时你在与对方的相处中充满痛苦，但又很难离开，于是你只能反复地陷入自我折磨。

爱情无法一蹴而就，它需要双方不断地磨合，在磨合的过程中找到让大家都舒服的边界。在与自恋型人格者相处时，你很容易被对方控制，这对你而言是一种伤害，你往往面临着进退两难的局面——一方面，你承受着情感上的虐待，另一方面，你又对这份感情依依不舍。你会在这种不健康的亲密关系中越陷越深。

所以，当你真的决定好好地爱自恋型人格的恋人时，请在全身心投入的同时坚持自我，建立自我边界。你可以思考以下问题。

你们有共同的兴趣爱好吗？

如何利用共同的空闲时间？

当意见不一致时，你们该怎样处理？

当你提出某些要求时，你是否害怕对方生气？

什么样的伤害是你绝对不能容忍的？

通过思考这些问题，你可以找到自己的边界，你可以明白对方贬低自己不是因为自己真的不好，而是因为自恋型人格的他无法共情。同时你要把握好自己的底线，时常与自己进行积极的对话，告诉自己“我是值得被爱的”“我很好”等，不要因为对方的贬低而产生自我怀疑。当他对你做出你不能接受的事情时，请先不要自我怀疑，你要给自己一些独处的时间与空间，你要做自己喜欢的事情，满足自己的需求。

你一定要记住，在与自恋型人格者相处时，你的内心一定要足够强大，你要坚持自己的逻辑，不要被对方带偏。

4. 提升共情能力，在潜移默化中影响对方

成熟的爱情是互惠的，双方可以互相关心，有效沟通，可以共同为持续这段令人满意的关系努力。而自恋型人格者做不到这些，他们事事以自我为中心，需要不断地从外部获得认可，以便补偿自己内心的匮乏。那么你是不是要积极地改变他呢？答案当然是“否”。在这个世界上，任何人想通过自己的力量改变他人都是十分困难的。我们应该做的是积极引导——引导对方学着付出，引导他认识到双方的爱是平等的，双方是可以相互信任的。

第一，你要引导对方学着付出。自恋型人格者无法共情，也察觉不到你的需求。你不妨把自己的需求明确地告诉他，让他能够意识到你需要什么。当然，这是一个很困难的过程。如果他对你进行反驳，请你坚持自己的想法，并在合适的时机，再次向对方表达自己的需求。第二，你要引导他意识到双方是

平等的，并且是可以相互信任的。例如，当你们产生矛盾，他开始无理由地指责你的时候，你要让他知道双方是平等的，没有人能够一直忍受埋怨。你可以冷静地告诉对方他的表现，简单地分析一下现状，并给予他充分的思考时间。不要一味地给他找借口，要在保证自己安全的前提下，揭开他的遮羞布，要让他直面过错，承担责任。当然，你也要让他知道，你会陪在他的身边，他可以充分地信任你，但他需要直面自己的缺陷，为维持这段亲密关系努力。

假如你是自恋型人格的刺猬

自恋型的刺猬认为自己身上锋利的刺是它们最迷人的铠甲，这只刺猬喜欢“刷存在感”，常常沉湎于来自外界的赞美和欣赏，并认为这是理所当然的。在恋爱中，即使“铠甲”刺痛了伴侣，它们也视若无睹。

1. 真诚地面对自己

是什么让你如此迷恋自己？是原生家庭中的自恋的父母，是成长过程中的虚假的成功，还是你不愿意面对的内心的羞耻感、愤怒、无处发泄的自责让你穿上了自恋的铠甲？进入亲密关系时，你要及时地发现问题、自我觉察。你只有通过真正的自我觉察才能摆脱情绪的控制，不再做情绪的奴隶。你可以问自己："恋人一定要听命于我吗？无厘头地单向指责是不是对感情的消耗呢？"自恋的对立面不是"不自恋"，而是活在关系中，学会将自恋转变成"客体爱"，把兴趣从自身转移到他人、外界上，这有利于与对方建立健康的亲密关系。

2. 真实地面对现实

现实的不如意会给自恋型人格者带来挫折感。因此，你要拥抱现实，与恋人"接地气"地交往，与恋人一起进入充满柴米油盐的真实生活。你要从错觉与幻想的"棱镜"中走出来，走入"平面镜"中；从全能自恋中走出来，在亲密关系中学习换位思考，学习换个视角看待你的爱人，从而提升彼此的价值感。

3. 提升共情能力，关注他人的需求

自恋型刺猬给予的爱往往以获得认可或等价交换为目的，他们甚至会利用"我做的一切都是为了你好"等说辞进行情感勒索。但爱是一种双向的关怀，是双方一起努力后收获的成长。所以，你要学会温柔地触碰爱，学会扩大"储爱槽"的容量。

你可以慢慢地从爱中汲取营养，尝试与恋人共情。

4. 适度降低自己的自恋水平，提升彼此的情绪价值

自恋型的刺猬既要看到自己的刺具有保护作用，也要认识到它们具有一定的伤害性。假如你已经认识到了自己的不足，那么给自己一些奖励也是不错的选择。

5. 两个自恋型人格者极易被各自的刺伤害

自恋型人格者不是自恋型人格者的最佳伴侣。奉献型的伴侣也无法助力自恋型人格者的成长，反而会助长他的自恋。全能自恋的人需要一个既能助力他的成长又敢于帮他拆掉情感铠甲的伴侣，这样的伴侣不仅有爱，而且内心充实且成熟。这样的伴侣既不会纵容其自恋疯狂滋长，又能适度地保护其自恋的外壳，即给予对方足够的时间与空间，允许其慢慢地脱下铠甲。

电影推荐：《了不起的盖茨比》

电影《了不起的盖茨比》是由美国小说家弗朗西斯·斯科特·菲茨杰拉德的同名小说改编的，男主人公盖茨比由演员莱昂纳多·迪卡普里奥饰演，女主人公黛西由演员凯瑞·穆里根饰演。

影片的女主人公黛西一出场就摄人心魂。她非常有魅力，并且声音里带着一种特殊的激情。与她的外貌一样引人瞩目的是她自恋的性格。她渴望持久的关注与赞美，在见到尼克后她的第一句话就是："芝加哥有人记得我吗？"在黛西的心中，自己是最迷人的，她认为自己会一直受到别人的特别关注。而尼克表示芝加哥仍有许多想向黛西传达爱意的追求者，这令黛西感到心满意足。但镜头一转，黛西的丈夫汤姆出轨了，而黛西对此也是知情的。尽管她和丈夫汤姆的婚姻并不幸福，但她并未因此感到遗憾。她极度自信，坚信自己的想法。

其实年轻时的黛西并不是这样的，那个时候的她很单纯，很美好，她爱上了长相英俊却一无所有的盖茨比。但是在盖茨比参军后，黛西对成功与金钱的幻想慢慢地显露了出来。她不再坚持与盖茨比的恋情，而是转头嫁给了能给她

“350000 美元的珍珠项链”的纨绔子弟汤姆。

后来，盖茨比和黛西再次相遇，盖茨比还深深地爱着她。黛西一直渴望关注与赞美，并且再次从盖茨比这里得到了这些。更重要的是，曾经的穷小子盖茨比已经成了知名的大富豪，住上了豪宅，这完全满足了黛西的幻想。黛西深情地向盖茨比表白，但是她却并不理解盖茨比对她的感情。她迷恋的是盖茨比的金钱与痴情给她带来的快感。在开车回家的路上，黛西不小心撞死了丈夫的情人莱特尔，黛西竟然决定把所有的罪名栽赃给盖茨比。

从少年时与盖茨比相恋，到与汤姆结婚，到与盖茨比重逢，再到最后毫不犹豫地舍弃盖茨比，黛西一直是那个自恋、贪婪、缺乏同理心的女人。她自恋，认为自己足够美丽到让所有见过她的人都难以忘怀，所以她问出了“芝加哥有人记得我吗”这个问题；她贪婪，所以她可以为了“350000 美元的珍珠项链”抛弃恋人，也可以为了享受盖茨比的财富与关注而出轨盖茨比；她极度缺乏同理心，所以她完全不在意盖茨比对自己的一往情深，将罪名完全嫁祸给了盖茨比。在影片的最后，黛西拒绝出席盖茨比的葬礼，转头和自己的丈夫踏上了前往欧洲的旅途。

第2章

表演型人格的爱情

表演型的刺猬是明星，它的刺闪闪发光。

案例：表演就是我的世界

电影《乱世佳人》改编自马格理特·米歇尔的《飘》，这部小说被称为“一个女人的史诗”。电影以美国南北战争为背景，讲述了一个女子与命运抗争的成长故事，这个女子就是这部电影的主人公——郝思嘉。剧中的她漂亮、聪明、性格倔强，特别能吸引周围男子的目光。从查尔斯，到弗兰克，再到白瑞德，她曾一次又一次地赢得爱情。但她却始终没能俘获艾希礼的心。在经历过美国南北战争后，她终于明白了自己最爱的人是谁。

美丽与富有是她的筹码

郝思嘉是塔拉庄园的大小姐，她拥有美丽的外表、骄傲的性格，她可以任性地支配围在她身边的每一个男子。她可以让上层社会的青年都围着她转，并且以能够为她效劳为荣。她热衷于参加各种舞会。不管走到哪里，她都能吸引众人的目光，成为备受瞩目的人物，无数人为她倾倒。

在电影的一开始，郝思嘉在参加晚宴。她对查尔斯说："哦，你还是那么英俊……查尔斯，我想和你一起吃烤肉，请你不要和其他女孩说话，因为我可能会为此吃醋。"她一转身又对另一位男士法兰克说："你的小胡子让你看起来真帅气，查尔斯和雷夫邀请我和他们一起吃烤肉，但我回绝了他们，因为我先答应你了。"接着，她又对另两位男士伯伦和史都华说："你们真英俊，我不和你们说话了，因为你们让我生气。你们一整天都没陪我，而我穿着这件旧洋装就是因为你们喜欢它，我还想着和你们一起吃烤肉呢。"这样戏剧化的、夸张的表达方式让郝思嘉轻易地吸引了在场男士的注意力，连艾希礼都说："她把所有男人的心都收走了。"她不在意这些男子是否已经有了女伴，她只想让自己成为人群的中心。当大家开始讨论她不擅长的话题——战争——的时候，她硬生生地把重点拉回了野餐会。她有极强的虚荣心，虚荣心使她认为凭借自己的美貌，她可以让任何男人屈服于自己。她很享受一群男士围着自己，为自己服务的状态。

故事开始于错误的憧憬

尽管郝思嘉得到了几乎所有上层青年的爱慕，但是她对这些唾手可得的爱恋不屑一顾，她认为自己爱的是十二橡树庄园的艾希礼。在郝思嘉的意识里，她就是这个世界的中心，凡是她想得到的人或物，她只要稍稍动一动手指头就能收归己有。所以，她固执地认为自己是艾希礼的真爱——“艾希礼并不知道我爱他，我要告诉他，我爱他，我要告诉他不要娶她（梅尼）”“我永远不会恨你，我知道你喜欢我”。她为什么会这样认为呢？一方面，郝思嘉是一个以自我为中心的人，另一方面，她极易受暗示，容易被他人的一些举动影响，从而产生自己与他人的关系非常亲密的错觉。艾希礼羡慕且欣赏郝思嘉的勇气与不惧世俗，所以他彬彬有礼地对待郝思嘉的每一次试探，而正是这样的“暧昧”，让郝思嘉认为“他也爱着她”。

于是，在得知艾希礼即将与他的表妹梅尼结婚后，她依然大胆地向艾希礼表白，她非常深情地对艾希礼说：“艾希礼，我爱你，我爱你。”当艾希礼明确地拒绝她并表示要和梅尼结婚后，一直对艾希礼说“不会恨你”的郝思嘉立刻变脸——她恼羞成怒，大骂艾希礼。这是一种非常戏剧化的情感表达，从“我爱你”到“我恨你”，再到她狠狠地打艾希礼一巴掌，前后只有1分钟左右的时间。而更为夸张的是，被艾希礼拒绝后，郝思嘉立刻决定嫁给她平时看都不愿多看一眼的仰慕者查尔斯，她这样做的目的仅仅是为了刺激拒绝自己的艾希礼。可惜她不知道，她的做法是刺激不到一个不爱她的人的。

在表演中迷失自我

第一任丈夫查尔斯在南北战争中因麻风病去世后，郝思嘉穿着丧服出席了军队的募捐宴会。宴会的主持人米格医生宣布，在场的男士如果想与某位女士跳舞就必须为其竞价，而所有的竞价收入都将被捐给军队。白瑞德以极高的价格邀请郝思嘉跳舞，米格医生却以郝思嘉在服丧期间无法跳舞为由代其拒绝，而郝思嘉却说：“不，我同意。我不管你想得到什么，我也不管他们怎么看，我只想跳舞！跳舞！就算今晚我要和亚伯拉罕·林肯跳舞，我也不在乎。”在当时的时代背景下，作为遗孀，郝思嘉是不应该抛头露面的，但她哪是一个顾及世俗的女子？对她而言，成为众人关注的焦点才是她的需求。她有自己的追求，有敏感而夸张的情感。她不停地追求着感官刺激，又不断地成为众人的中心。于是，她在众目睽睽之下接受了白瑞德的请求，开心地跳起舞来，以致宴会上一片哗然。

战火蔓延到了泰拉，郝思嘉为了保住自己的家乡，进监狱看望了白瑞德，期望从他那里获得金钱方面的帮助。她想方设法地进入监狱，并向白瑞德施展她的女性魅力。但是，当她得知白瑞德并不能帮助她时，她立刻变脸并离开了。在路上，她遇到了妹妹的情人肯尼迪，此时的肯尼迪是一位事业有成的男士。为了保住泰拉，郝思嘉再次施展自己的魅力，横刀夺爱。对于郝思嘉而言，表演已经渗入骨髓。她没有真情实感且相当自我。无论是看望白瑞德还是夺走肯尼迪，她都是为了达到自己的目的。她的热忱是为了满足她的某种需求。如果需求得不到满足，她就会立刻翻脸。

后来，郝思嘉在经过贫民区时遭遇抢劫，而她的第二任丈夫为了报复那些劫匪而被杀。郝思嘉第二次守寡。在丈夫死后不久，她又不顾亲友的反对，在服丧期间与白瑞德结了婚。白瑞德靠在战争中贩卖军火成了富人，为当时的上流人士不齿，但郝思嘉根本不在乎这些，只要自己能过上富足的生活，不再忍饥挨饿，其他的都不重要。当然，在郝思嘉的心里，她爱着且想与之结婚的并不是之前的三任丈夫，而是她一直未忘记的艾希礼。她逮住机会就向艾希礼表白。这种想法一直持续到艾希礼去世，白瑞德弃她而去。直到这个时候，郝思嘉才发现，自己爱的人其实是白瑞德。

这就是郝思嘉，她任性且自私，从来不关心别人怎么看待她，只想满足自己的欲望。她希望自己一直都是人群中的焦点。当艾希礼没有像其他男士一样倾慕她的时候，她反而执着地追求对方。在与其他男士交往时，无论对方是否已有女伴，她总是用夸张且戏剧化的语言挑逗对方。她又是容易受暗示的，她将艾希礼对自己的彬彬有礼视为爱情，于是一直固执地认为自己爱着艾希礼，且艾希礼也爱着她。她的情绪变化迅速且毫无预兆，一旦对方有拒绝她的意向，她就会迅速变脸——前一秒她还是含情脉脉的模样，后一秒她就变得冷若冰霜甚至怒不可遏。她可以为了满足自己的需求扮演不同的角色，为了刺激艾希礼，她嫁给了查尔斯，为了获得金钱，她假装爱慕白瑞德。她的一生充满了戏剧性，而这正是表演型人格的体现。

表演型人格的爱情图式：我永远要站在聚光灯下

在亲密关系中，如果有一方是表演型人格，那么这段亲密关系会是什么样子呢？

如果亲密关系中的一方是表演型人格，那么这段关系会非常戏剧化。在关系的一开始，表演型人格者会压抑自己的本性做事，以便引起对方的注意，他们的很多做法会让对方觉得他们仿佛是偶像剧的主人公。在表演型人格者的眼中，无处不是自己的舞台，他们会用浮夸的举止吸引对方的注意。但是表演不是现实，时间久了，这场表演总会结束。表演型人格者的情感多变且表浅，这就意味着他们不能在同一段感情中持续地付出。表演型人格者总是与异性关系暧昧，即使他们已经有了追求的对象，他们仍然会利用外貌的优势以及戏剧化的行为吸引其他人对自己的注意。随着相处逐渐深入，对方就会发现他们一直在表演，他们并不像他们表现的那样美好。他们情绪不稳定、不懂付出。在两个人的相处中，表演型人格者会因为一点不如意就大吵大闹，甚至做出极端的行为。他们会不顾场合地与恋人争执。在遇到问题后，他们不会主动地与恋人交流，反而喜欢猜测。这都会让恋人陷入深深的失望中。

表演型人格者的爱情就像胡兰成与张爱玲的爱情。胡兰成一见到张爱玲就展开攻势，表达自己对她的欣赏和喜欢。第一次见面，胡兰成就絮絮叨叨地说了五六个小时。胡兰成送张爱玲到弄堂口，他们并肩走着，他忽然说："你的身材这样高，这怎么可以？""这怎么可以"的潜台词是两个人的身高不般配，他已经把两人作为情侣看待了。但是当时的胡兰成是有家室的，他却仍然幻想着自己能和张爱玲成为一对亲密的情侣。胡兰成对张爱玲发起了猛烈的追求，可在胡兰成后来的叙述中，他总是有意无意地透露，是张爱玲主动追求他，是她先动了心。张爱玲曾送给胡兰成一张照片，并在照片的背面题字："见了他，她变得很低很低，低到尘埃里，但她心里是欢喜的，从尘埃里开出花来。"这段话被胡兰成卖弄得人尽皆知。对胡兰成而言，张爱玲就像仙女，能和仙女谈恋爱，是多么值得炫耀的一件事啊！

大多数表演型人格者都是像胡兰成一样的“演员”，他们虚荣、擅长投其所好，却难以持续地投入一段感情。他们总在不断地用自己的魅力吸引其他异性的注意，在亲密关系中，表演型人格者总能为自己的所作所为找到借口。尽管对方觉得他有诸多错处，但他总能将自己的行为合理化。因此，如果在亲密关系中一方是表演型人格，那么这段关系注定是不真实的、令对方失望的。

表演型人格的爱情写真：你看到的不是真实的我

行为戏剧化，表演欲强

时时刻刻都在表演是表演型人格者的最明显的特点。无论是在起初的追求阶段还是在恋爱后的相处阶段，他的一切行为都充满了戏剧化色彩。在追求阶段，他的举动很夸张，他会用尽方法让对方爱上自己。在交流时，为了吸引恋人的注意，他会非常戏剧化地表达自己的意见。他既会夸张地称赞对方，也会肆意地贬低对方。例如，他在表达爱时可能会用戏剧化的台词对你告白："哦，我是那么爱你，如果你要我的命，我也可以给你。”他可能会一边说一边做出夸张的表情。而当两个人分手时，他又会到处向别人诉说自己的痛苦，并把所有错误都推给对方，用很夸张的语言表达自己的“悲惨”，用情绪的起伏对他人进行暗示：“看，我有多爱他，为了他我可以放弃一切……我们分手都是因为他，我那么爱他，我那么完美，是他抛弃了我，辜负了我，一切都是他的错。”但很多时候，旁观者会感觉表演型人格者肤浅而虚伪，没有真情实感，那种感觉就像看演技不好的演员演戏一样——他沉浸在自己的戏里，觉得自己的故事很感人，但旁观者却觉得很尴尬。**“戏精”是表演型人格者的最佳形容词。**

情绪变化迅速，反复无常

表演型人格者的情感异常丰富，他们总是表现得很夸张，看起来热情又活泼。但他们的情绪稳定性很差，热情无法一直维持下去。他们的情感反应让人琢磨不透，有时候给人一种变化无常、阴晴不定的感觉。此外，人们也会发觉他们的情绪变化缺乏深度——他们好像是为了吸引别人的注意才表现出剧烈的情绪变化的。

例如，前一秒表演型人格者还在开开心心地与对方分享他的日常生活，后一秒他就立刻变了脸——甩开对方，不顾场合地和对方争吵，而情绪变化的原因可能仅仅是对方走神儿了。即使有人对他指指点点，他也毫不在意，甚至看热闹的人越多，他闹得越凶。无论对方怎么道歉，他都毫不动摇，一味地沉浸在自己的吵闹中。对方无意间的某一句话却会使他立刻停止吵闹，转而开心地和对方继续相处，就好像刚刚吵闹的人不是他一样。

喜欢幻想，易受暗示

在亲密关系中，表演型人格者常常耽于幻想，把想象当成现实。例如，在追求某个异性时，他会暗示自己，对方对自己也是有好感的，这会给他带来追求对方的勇气。郝思嘉在追求艾希礼时，一直认为艾希礼也是爱她的。艾希礼喜欢吃得多的女孩，因此她会让自己多吃一点。艾希礼要和表妹梅尼订婚，而郝思嘉则幻想着这是因为自己没有明确地告诉艾希礼自己爱他。表演型人格者容易按照自己的想法去揣测自己的恋人。例如，在亲密关系中，如果两个人发生了分歧，表演型人格的一方会深深地陷入幻想，并根据想象揣测自己的恋人，却不主动与恋人沟通。

时时刻刻想成为焦点

我们会发现，性格开朗、能说会道的人更容易成为人群中的焦点，表演型人格者也了解这个法则。在亲密关系中，他们一般都显得很活泼，十分招人喜欢。尤其是在与对方刚刚认识的时候，他们会想尽一切办法让自己看起来热情、开朗，让对方觉得自己很有魅力。而当对方的视线不再聚焦在他们的身上时，他们就会做一些做作、夸张的行为吸引对方的注意，为了达到这一目的他们不惜哗众取宠，装腔作势。

例如，在与朋友聚会时，表演型人格者会表现得格外体贴。假如他在点菜的时候听到有人提到香菇，他会充满歉意地说："不好意思啊，×× 不喜欢香菇的味道。"吃饭期间，他夹菜、剥壳、倒水；吃完饭后他又跑去给恋人买酸奶，嘱咐恋人火锅不好消化等。这是不是一个"模范"恋人？如人饮水，冷暖自知。我们看到的"模范"恋人可能根本没那么喜欢对方，他只是喜欢表演给其他人看而已。人越多，表演型人格者就越夸张，因为他们喜欢的、追求的就是这种被他人注视的感觉。

无法持续地付出

有人说，表演型人格者是容易出轨的群体，因为他们总是可以吸引他人的注意，而且他们爱幻想，总认为自己与他人的关系很密切。的确，表演型人格者无法持续地爱一个人并为其付出。表演型人格者是戏剧化且情绪化的，他们不能忍受无聊，他们总是在寻找新的刺激以满足自己的需求。所以没有挑战和新鲜感的亲密关系对他们而言可能是无聊的。他们天生的“社交能力”使他们可以轻而易举地开始新的追求。

爱上表演型人格者：
迷惑地望向舞台中央

有一个表演型人格的恋人是一种什么体验呢？表演型人格者把亲密关系当成了他表演的舞台，他所做的一切更像是夸张的表演。他通过这种戏剧化的表现来吸引他人的关注。而对这段亲密关系中的另一方而言，谈恋爱就像是在配合他的演出。有时另一方还要扮演一个反派角色，这十分辛苦。

一开始，你会被他的猛烈的追求打动。他会频繁地向你示爱，并说着只有偶像剧中才有的告白情话。虽然你对他的奇怪方式略有反感，但是你会觉得他是爱你的。因为他会大方地向你示爱，他想让全世界都知道他对你的爱。胡兰成在追求张爱玲时就是如此，胡兰成因为一篇小说对张爱玲心生爱慕，而见到张爱玲的照片后他更觉得这是所有男子心中的白月光的样子，于是他对张爱玲展开了追求。他主动上门拜访，被张爱玲拒绝后，他又开始写信，并把信悄悄地塞进张爱玲家的门缝。与张爱玲第一次见面时，胡兰成就谈及了对方的收入与身高，谈起了两个人匹配与否的话题。涉世未深的张爱玲觉得胡兰成很唐突，但仍在胡兰成的花言巧语中对他产生了好感。

但是随着相处的深入，你会发现，尽管他非常贴心，但是似乎哪里不太对劲。他会把你们之间的一点一滴都公之于众，让大家羡慕你们的爱情；在与朋友相处时，他经常聊关于你的内容，会谈起想带你去旅行，想带你去吃你想吃的美食，想把自己的一切都给你；当你们一起参加聚会时，他会无微不至地照顾你，例如，主动帮你夹菜，帮你拒绝你不喜欢的食物，甚至会因为你不经意的一句话而立刻行动。周围的所有人都觉得他非常爱你，只有你自己知道事情并不是这个样子的。他把你们相处的点滴放到朋友圈，可在此之前他从未征求过你的意见，也不在意你是不是介意；他和朋友聊关于你的事情，可是这些事情他从未和你聊过，甚至当你提起时他也毫不在意；他帮你拒绝的也仅仅是他认为的你“不喜欢”的食物。在你们的相处中，你会发现，他所做的一切看似与你有关，其实与你毫无关联。他不懂你的心意，也从未在乎过你的心意，他只是在好好地扮演“模范恋人”这个角色，他一边感动自己，一边赢得大家的夸赞，而你却要被迫承担这一切，并配合他的表演。你需不需要、喜不喜欢对他而言毫不重要。

我们在恋爱中都希望自己是对方的唯一，并希望对方能和自己一起为维持这段亲密关系努力。但是与表演型人格者谈恋爱的你却发现，在这段感情中，专一仅仅是他对你的要求。如果他发现你与异性接触，他不会问原因，而是会陷入自己的幻想中，然后不分场合地与你大吵大闹，一味地埋怨你，让所有人都以为是你做错了。这样的他让你很伤心，而你却又有苦说不出。但是他自己却常常与其他异性暧昧不清，甚至还会向你炫耀自己是多么受欢迎。当你无法忍受他的多情并向他提出分手时，他会不断地纠缠你，并向你们共同的朋友诉说自己是多么爱你、多么舍不得你，他为了你们的感情付出了多少努力，以及你多么绝情。他的精湛的演技会让所有人信以为真——大家觉得是你辜负了他，是你无理取闹，是你不懂得珍惜。

与表演型人格者谈恋爱是一件非常累的事情，你完全猜不到在什么时间、什么地点他会开始一段什么样的沉浸式表演；你不清楚他的这场表演的目的是什么，却又不得不努力地配合他；你明明感觉不到他的爱和付出，却要承受外人“羡慕”的眼光。你生气、愤怒，却又无力辩解。看着他多变的情绪、“戏精”式的表现，以及与他人的暧昧不清，你有时候会后悔爱上了这样一个人。

理解 TA：
缺乏真实感

表演型人格的形成往往与未被满足的生命早期的发展需求有关，例如，被关爱的需要、被指导的需要和被认可的需要。表演型人格者往往认为如果自己得不到他人的关注、照顾与仰慕，自己就没有价值。

在表演型人格者的早期生活中，他们往往有喜欢以夸张的方式向孩子表达感情的父亲或母亲，孩子会习得这种看似有意义的表达方式并尝试以与之相适应的方式自我运转、自洽地生活，其核心是对自己的能力不够自信。他们的内在逻辑是："如果我不能受到他人的关注，我就会被拒绝，这是我无法忍受的，因此我必须富有戏剧性，我必须足够迷人，足够有吸引力。”他们竭尽全力地“表演”以获得他人的认可与关注，同时对他人的指责感到恐惧。总之，成为焦点对他们很重要。

事实上，表演型人格、自恋型人格与依赖型人格的人都会终生寻求关注、赞赏、认可与支持。但表演型人格者的情感表达更肤浅、更夸张。在与人谈话时，他们的语言缺乏细节，他们的情感不稳定，他们的表现很戏剧化，例如，夸张的表情、语气、态度等。这些表现背后的核心是对被人忽视的极度不适。即时的满足感对他们非常重要，他们的表现引发的负面评价则不那么重要。

他们的核心信念是：“我的能力不足，我不能引起别人的重视，我需要一些外在的戏剧化的方式帮助我成为人群的焦点。”他们的自我形象往往是“优秀的、迷人的、受欢迎的、有吸引力的、有趣的”，因此，他们的完美恋人往往是依赖型人格者，恋人对自己的依赖，让表演型人格者有了充足的力量感与掌控感。个体在童年时期的生活经历对其成年后的行为至关重要。他们害怕自己被人冷落，所以努力地表现自己。他们往往会高估自己和别人的关系，其实别人并不在意他。尽管他们偶尔会意识到这一点，但是他们仍然会骗自己说：“他们真的离不开我，我真的很受欢迎。”

如何与表演型恋人相处：切换场景

表演型人格者看上去热情、活泼，但是他们的内心其实是很孤独的。他们喜欢且擅长表现自己，会通过夸张的，甚至稍显不当的表现来吸引外界的注意。情绪多变也是他们的脆弱的表现。通过进一步分析，我们会发现表演型人格者是非常可怜的，他之所以通过夸张的表现来获取关注，是因为他在成长的过程中经常被忽略。所以，你如果真的爱上了表演型人格的他，就请给他成长的时间，用真诚和善意对待他，尽管这是一个非常辛苦的过程。那么如何让这段亲密关系变得更好呢？你不妨试试以下方法。

1. 理解对方：戏剧化的行为是正常的表现

表演型人格者的举止往往略显夸张，但是他们并不认为自己是在“表演”，他们认为自己的行为是正常的。他们的行为之所以更具戏剧性，是因为在面对问题时表演型人格者的情绪来得更加猛烈，并且他们希望通过这样的方式来吸引对方的关注。如果你爱上了一个表演型人格的人，并想与他继续交往下去，你首先要做的就是理解对方，理解他的戏剧化行为是他的人格类型使然。他不分场合地吵闹，向他人炫耀与你相处的点滴都是他获得自信、避免沮丧的方式。因此，当他的表现过于夸张时，你与其对他生气，不如选择接受。

从旁观者的角度来看，表演型人格者的行为通常比较可笑，戏剧化的言语与举动可能会招来他人的嘲笑。而你作为他的恋人，是他最亲密的人，看起来自信满满而内心脆弱的表演型人格者往往非常在意身边人的看法，因此你不能像其他人一样嘲笑他的表现，以此开玩笑也不可以。面对你的玩笑，他往往不清楚你是在调侃还是在嘲笑他。他因此情绪比其他人激烈的他会非常激动，他会觉得你不理解、不关注他。他会通过极端的方式来获取恋人的注意，例如，痛哭流涕，甚至自残或自杀。

2. 给予舞台：尊重其表演

多变的情绪、“戏精”化的表现都是他获取他人关注的方式，如果你尝试阻止他的行为，他可能会碍于面子有所改变，但是并不会认真地思考自己的行为是否合理，甚至会在下次遇到同样的情况时变本加厉。所以，在不伤害自己也不伤害他人的情况下，你不妨给他一方舞台，允许他表演。

此外，表演型人格者很需要观众，需要他人的认可，而作为他的恋人，你是他最好的观众。所以，当你发现他又开始表演时，一定不要打断他的“演出”，不要将他从他的幻想中强拉出来，而要站在观众的角度，配合他表演，呈现出他期待的反应。当然，在这个过程中，你一定要把握好度，不能对他的表演视而不见，更不能一味地让他沉浸在表演带来的满足感中。

3. 适度纠正：告诉他正确的做法

在与恋人相处时，你可以从相反的角度慢慢地纠正对方的行为，对他偶尔表现出的正确行为给予赞赏与认可。当他表现出戏剧化的举动时，你可以适度地配合，而当他的行为正常时，你可以表现出对他的欣赏。因为他所做的一切其实都是为了获得他人的认可与关注，所以你可以通过这种方式使表演型人格者慢慢放弃自己的戏剧化行为。

假如你是表演型人格的刺猬

表演型的刺猬是明星，它的刺闪闪发光。它擅长交际，是天生的表演家。其实它只是渴望被看到，渴望被关注。当这只刺猬陷入亲密关系中时，它的内心更加脆弱，它害怕被伴侣忽略，因此会营造一个又一个爱情幻象。

1. 透过滤镜看见真实的自己

在这场以爱情为主题的音乐剧中，你既是演员，又是观众。你沉浸在自己导演的一场盛大的演出里。请想象一下：舞台的灯光暗淡下去了，你看着自己。此时，你的内心最想要的是什么？在你扮演的众多角色中，你最喜欢哪一个？你要让这个自己变得更加强大、更加真实。你需要试着了解自己的真实需求和愿望，慢慢寻找内心想要的，把舞台与演员分开，把角色与自己分开。这需要时间，也需要你直面自己的脆弱却真实的一面。与真实相处久了，你会接纳更加真实的、有血有肉的自己。

2. 接纳真实的自己

接纳真实的自己是表演型人格者实现自我蜕变的至关重要的一步，而这一步往往需要在舒服、安全的亲密关系的帮助下完成。在亲密关系中，你可以慢慢地“卸妆”。当你不再需要追光灯、聚光灯与闪光灯时，你会发现那个真实的自己依然散发着美丽的光芒；当你可以与这个真实的自己相处时，你就会变得更加自然、自信，更易于相处。

3. 与真实的自己相处

伴侣间的激情与浪漫是生活的调味剂，但最真实的生活永远是柴米油盐酱醋茶。请放下戏服，融入生活，这样的真实感踏实而温暖，就像是双脚踏在地上的感觉。这个过程需要伴侣的支持、包容、理解与尊重。

4. 你的最佳搭档

两个表演型人格者生活在一起是什么样子？两颗孤独的心碰到了一起，双方为了给彼此留下好印象，都在竭尽全力地表演。两个人表演得当的时候，就像牛郎和织女——什么也不能将他们分开；表演出现失误时，两个人就变成了罗密欧与朱丽叶——每天都在上演生离死别。只有双方都卸下伪装，两个人才能迎来真实的爱情。

对一个活在舞台上的人而言，一段稳定的亲密关系具有天然的疗愈作用，这样的亲密关系需要温润的土壤、充沛的内心、恰当的表达，那些内心温暖、善于解决问题又敢于直面真实生活的人是表演型人格者的最佳伴侣。如果你可以遇到一个爱你的、愿意陪伴你成长的人，这将是一段美好的疗愈之旅。

电影推荐：《卡比利亚之夜》

1957 年上映的电影《卡比利亚之夜》由意大利著名导演费德里克·费里尼执导，讲述了茱莉艾塔·玛西娜扮演的失足小女人卡比利亚天真地追求爱情与幸福的故事。

身处社会底层的卡比利亚干着不光彩的工作，但天真、善良的她仍然非常渴望甜蜜的爱情，也希望自己能够拥有一个幸福美满的家庭。梦想能够尽快找到恋人的她总是做出夸张的表情——前一秒她可能非常欢喜，后一秒又显得悲痛欲绝。然而，她的三段感情经历都非常糟糕。

第一段感情是与一个叫乔治的青年。虽然他们刚认识一个月，但卡比利亚却认为乔治是爱自己的。然而，乔治却抢走了她的钱并把她推进了河里，最后逃之夭夭了。在知道乔治抛弃了自己之后，卡比利亚显得烦躁不安，之后又变得很沉默。她安静地坐在台阶上叹息，甚至从鸡笼里抱出一只鸡来不停地抚摸，以此安慰自己受伤的心。之后，她又突然歇斯底里地怒骂乔治。

第二段感情是与满身贵气的大明星阿尔贝拉·拉扎里。大明星将站在路边接客的卡比利亚带回了家，这让卡比利亚非常兴奋。当她看到有人把晚饭送进房间时，她的开心溢于言表。后来大明星的女友来了，卡比利亚只能躲进卫生间。她静静地听着大明星与女友的对话。当他们争吵时，卡比利亚非常开心，当他们拥抱时，卡比利亚眉头紧锁。

最后一段感情是与自称是一名会计师的奥斯卡。奥斯卡对她非常殷勤，而卡比利亚也很容易陷入幻想。她变卖了房产想与奥斯卡结婚，却发现对方心怀叵测——他不但抢走了她的全部积蓄，还险些将她推下悬崖。最后，卡比利亚孤独地站在悬崖边悲伤地大喊。

卡比利亚憧憬着爱情，也憧憬着婚姻，她会用夸张的表情与行为吸引男性的注意。她活在自己编织的戏剧中，喜欢感情用事，也极易陷入幻想，她认为自己喜欢的男性也真心地喜欢自己，而被欺骗后她又非常戏剧化地表达着自己的情绪。

第3章

偏执型人格的爱情

偏执型的刺猬满身是刺，一旦他人侵入它的领地，它就会竖起这些刺，并将刺伸向对方。

案例：你的爱让我恐惧

女主视角：为什么被伤害的是我

小南前段时间和男朋友小宇分手了，她非常疑惑，明明自己在全心全意地付出，为什么还是成了被伤害的那一个。

第一次见到小宇的时候，小南就被他迷住了，他帅气、乐观、幽默，在小南心中，小宇非常完美，没有一点儿缺点。而双方陷入热恋后，小南对小宇更加痴迷，恨不得时时刻刻与他待在一起。小南一有空就会去找小宇，并为他做自己能做的所有事情——做饭、洗衣、购买生活用品等。小宇也经常夸赞小南贤惠，这个时候小南就非常开心，虽然小宇有时候也会和小南说不用这么辛苦，但是小南总觉得小宇是在客套。她能感觉到小宇也是爱她的。每次小南向小宇提起别人的男朋友为她们准备的惊喜后，小宇也会给小南准备。

这样温馨的生活是什么时候开始改变的呢？那次两个人一起出去玩，小南发现小宇总是看手机，说话时也心不在焉的，而且当小南看向他的手机时，他会不自觉地盖住。于是小南不说话了，一直盯着小宇看。小宇感到气氛不对，意识到小南生气了，于是向她解释，自己有工作上的事情。虽然当时小南没有发作，但是这件事情成了小南心中的一根刺，她开始变得多疑，总是疑心小宇移情别恋了。于是，在小宇不注意的时候，小南就悄悄地看小宇的手机，想找出一些蛛丝马迹。看了几次之后，小南并没有发现男朋友的手机里有什么不对劲的地方，但是她还是固执地坚持自己的想法，认为自己肯定没有想错，只不过小宇比较谨慎，把“证据”都删掉了。

直到有一天，小南在小宇的公司的楼下等他下班，发现他和一个女孩子一起出来了。憋了很久的小南仿佛找到了出口一般终于爆发了。小南直接跑上去打了那个女孩一巴掌，小宇反应过来后立刻把小南拉开，并向同事道歉。而小南却不依不饶，固执地认为是小宇做错了，心虚了。小宇一直向她解释，小南完全听不进去，坚信自己的想法是对的。小宇对小南说："如果你再闹，咱们就分手！"她这才平静下来，但是她的心里还在想："谁都不能抢走我的男朋友。"走在路上的小南仍在想："为什么这一幕恰巧被我看到？那个女孩是不是有意让我惹怒小宇，好夺走小宇？对，一定是这样！"

在后来的日子里，两个人之间的温馨消失了，取而代之的是猜忌。只要小宇不能立刻满足小南的需求，小南就觉得小宇肯定在想那个女生。即使小宇满足了小南的需求，她也会觉得小宇是心虚，所以对自己有求必应。小宇一再解释，但是小南却觉得小宇的解释是对她的威胁，他在威胁她不要再纠结于这件事了，不要再找寻真相了。时间久了，小宇越来越受不了这样的小南，于是和她分手了。小南很伤心，她觉得，明明自己才是全心全意地付出的那一个，自己不应该被伤害。

男主视角：为什么你变成了一颗“炸弹”

前段时间小宇和女朋友小南分手了，小宇认为自己真的很喜欢她，但是也真的无法忍受她的固执、猜疑、挑剔，以及对自己的付出的一再忽视。

小宇说，自己刚认识小南的时候，小南明明是个非常可爱的女生，她喜欢撒娇，非常天真，也非常有爱心，总会主动地照顾小宇的生活，即使小宇拒绝过好多次，小南还是坚持付出。小宇非常感动，也更加爱护小南。每当小南略有羡慕地说“××的男朋友又做了……”的时候，小宇就会尽力地满足她。虽然小宇偶尔觉得小南的羡慕有点频繁，但小宇认为只要她的要求还在自己可接受的范围内，自己就愿意宠着她。

但是时间久了，小宇却发现，小南好像看不到自己的付出，也完全不在乎自己的想法，她只会按照她自己的想法做事情。每当小宇提出意见的时候，小南都会觉得小宇不那么喜欢她了。虽然小宇向小南解释过很多次，事情不是她想的那个样子，他只是怕小南太辛苦，想帮她分担一些，但是小南完全听不进去，固执地坚持自己的想法。

这让小宇觉得这段恋爱谈得好辛苦，而小南的多疑让他有了分手的想法。那段时间，小宇的一个工作项目进入了收尾阶段，为了不让小南感觉自己被冷落了，他还是像平常一样和她约会，但是他需要及时地回复消息。因为他频繁地看手机，所以小南误会了，她以为小宇在和其他女生聊天，小宇向她解释过很多次，小南都不相信，她坚信自己的想法是对的。于是小南总是在小宇不注意的时候看小宇的手机，甚至看他的转账记录。小宇很无奈，不过也没有太在意。直到有一天，小南在公司的楼下等小宇下班，当时小宇和一位异性同事一起出来了，其实他与对方根本不熟，只是碰巧一起出门，这一幕成了导火线，小南一下子“炸”了，上来就给了那个女孩一巴掌。小宇当时就愣住了。从她歇斯底里的话语中他才知道，小南竟然还在怀疑自己，而且认为这个女孩就是和自己聊天的那个人。公司的楼下人来人往，于是小宇一边拉着小南一边向那个女孩道歉，好在对方没有计较，转身走了，但是小南却不依不饶。小宇很生气地说：“如果你再闹，我们就分手。”小南这才安静下来，跟着小宇离开了。但是在路上，小宇听到小南一直在嘟囔：“我的男朋友谁都抢不去……设圈套也没用，我不会让你得逞的！”那一刻，小宇突然觉得有点害怕。

在后来的相处中，小南变本加厉，要求小宇一直陪在她身边。如果小宇没有像她想的那样立即出现，小南就怀疑小宇又去和其他女生聊天了。即使小宇处处以小南为主，她还是不满意。小宇实在受不了了，于是提出了分手。

TA 的生活非黑即白

小南的内心一方面渴望被爱，另一方面又充满了恐惧。她希望小宇是自己的私人物品。一旦小宇做了一点不顺自己的心意的事情，小南就会无休止地猜疑，无论对方怎么解释，她都坚持认为自己的想法是对的。因为她害怕被否定，害怕被拒绝。她只有把这份亲密关系牢牢地抓在自己手中，才会有一点安全感。她总是纠结于过去的事情，过去的事情会在她心中生根发芽。她会无休止地怨恨。小南具有典型的偏执型人格特征。

偏执型人格的爱情图式：
在爱中怀疑

一方是偏执型人格的亲密关系是什么样子的呢？

“这世上没有一个好人”，这就是偏执型人格者眼中的世界。在他们看来，他们的身边全是阴谋。当然，他们并不是喜欢对别人耍心机，而是总觉得别人要害自己。他们会把自己置于想象出的危险之中，会把全部的精力都放在“防御”上，这导致他们无法专心地工作、学习、生活。

在亲密关系中，他们时刻处于戒备状态。偏执型人格者不认为别人会无条件地爱自己，甚至一部分偏执型人格者还会觉得对方在图谋什么。对方的不经意的举动都会使他们认为对方是在针对自己。因此，他们为了防止自己被别人伤害，总会先假定周围的所有人都怀有恶意。他们认为自己只有时刻戒备才不会受到伤害。但他们没意识到的是，这种做法会使自己非常压抑、沮丧和焦虑。

《一个叫欧维的男人决定去死》的主人公是一个古板、固执、愤世嫉俗的怪老头。半年前，他深爱的妻子索尼娅因病离世，三周前，他又被供职了43年的公司辞退了。他每天早上仍按时起床，然后在社区巡逻——他会摆好人们乱放的自行车，记录违规停车的车辆的车牌号，检查人们是否按规定将垃圾分类了，咒骂在草坪上乱尿的狗，驱赶闯入人行道的机动车。这个不苟言笑的高个儿老头强硬地维护着“世界”的秩序，邻居们偷偷叫他“来自地狱的恶邻”。当然，他也对那些乱堆垃圾、家里连工具箱都没有的邻居们嗤之以鼻，他说：“这个世界简直越来越不像话了。”刮净胡须，穿好衣服，整理好房间，这位在妻子离世后就与外界绝缘的偏执狂决定与世界告别。然而，六次精心策划的自杀无一例外地被意外打断了，也正是这些“小插曲”，让欧维感受到了脉脉温情。

欧维的古怪性格与其成长经历密不可分。他8岁时，肺病夺去了他母亲的生命。他16岁那年，父亲在车站为欧维出色的考试成绩而欢呼雀跃时，被突然闯入的“死神”列车撞飞了。祸不单行，失去亲人的欧维被同事排挤，他的房子在火灾中化为灰烬。一无所有的他以为自己不会再受到命运的眷顾了，直到他遇到了索尼娅。索尼娅漂亮、迷人、热情、开朗，总是对一切怀揣着热情。然而，一场车祸却使他们失去了孩子，也让索尼娅的双腿丧失了行动能力。索尼娅安慰不堪打击的欧维：“要么死去，要么努力地活着。”索尼娅就是欧维的世界里的那抹绚烂的彩色，他太珍惜与索尼娅的相遇和相守了，那段日子美好得让他难以再触碰爱、相信爱。然而，真诚、热情的新邻居帕尔瓦娜一家、老朋友鲁尼、跑到他家借住的年轻人，以及那只赖在他家里的小野猫，似乎打开了欧维的心门。在故事的最后，欧维放弃了他的自杀计划，开始享受被“毛手毛脚”的朋友们“麻烦”的时光。在这部电影里，偏执的背后是柔情，这个怪老头终于和自己和解了。

偏执型人格的爱情写真：心碎是常态

爱的背面是猜忌

偷偷翻看伴侣的短信、通话记录、聊天记录，私自删除伴侣的异性朋友的联系方式，将伴侣与异性之间的一个眼神或一句话视作“出轨”的标志……在亲密关系中，偏执型人格者敏感而多疑，永远不相信你对他的爱，永远在无端地猜忌，无理由地怀疑。

一开始，你或许会认为他对你的猜忌只是代表他在“吃醋”，他太在乎你，太害怕失去你了，这是他爱你的表现。这种略带醋意的争执与打闹给恋爱生活增添了不少乐趣。但渐渐地，你会发现你身边所有的异性朋友都会让他生出危机感，他把每一个人都看作自己的竞争者和假想敌。“你是不是出轨了？”“你到底还爱不爱我？”“你们都聊什么了？为什么聊了这么久？”“他 / 她可不是什么好人，你离他 / 她远点！”……他赶走了你所有的异性朋友，你的工作和生活都受到了影响，你开始变得和他一样与其他人格格不入。

偏执型人格者极其警惕，对世界抱有敌意，这常使人觉得他不可理喻，难以相处。在没有足够的证据的情况下，他们便怀疑伴侣会欺骗或伤害自己，他们每天都在提防他人的“暗算”和“欺骗”。他们还会将别人的无意的或善意的行为视为恶意的“阴谋”。

“错误”永远不会出现在我的词典里

偏执型人格者很难客观地分析他们遇到的问题，会片面地看问题，并借此形成一套强大却偏激的自洽逻辑。在他们的世界里，只有他们自己是正确的，你要做的就是顺从——乖乖地听他们的话。一旦你不顺着他们，他们便认为自己遭到了冒犯，会立刻回击，想办法怼回去。他们总想证明自己才是正确的那一方。

为了彰显自己的聪明和与众不同，偏执型人格者会无休止地争斗。他们常说："我不是在和你抬杠，你说的本来就是错的，我是在向你解释！"他们热衷于反驳，会从你的每一句话里挑出你的错误，而他们引发冲突的目的并不是为了解决问题，而是为了赢，为了证明自己是正确的。

此外，你会发现每次的争执都以你道歉收场。偏执型人格者是不会承认错误或道歉的。即使他们选择在一些小事上道歉，他们也是以息事宁人、逃避问题的态度道歉。他们并不认为自己错了，他们只是想让事情尽快过去，他们的道歉更像是敷衍。如果你不能很快地接受道歉，他们就会表现出"我都道歉了，你还要怎样"的态度。

自己的世界里的国王

偏执型人格者往往自以为是，又常常固执己见。他们关闭了所有的与外界的连接，只活在自己的世界里。他们是自己世界里的国王。在他们的世界里，只有他们自己是对的，所有人都必须服从他们、讨好他们。

作为"国王"，他们的控制欲极强，特别爱把自己的想法强加于人。在他们的眼里，所有人都必须按照他们的想法行事。

在日常生活中，小到留什么发型、出门穿哪件衣服，大到旅行计划、工作规划、房屋设计等，你都要听他们的，不然他们就会把自私、不懂事的帽子扣在你的头上，并认为你不能理解他们的感受，不能站在他们的角度思考问题，或者认为你故意和他们作对。此外，偏执型人格者总是会对他人的行为进行恶意揣测，并肆意地向你表达他们的想法，而你只能附和。

对善意视若无睹，对恶意心怀怨恨

在亲密关系中，偏执型人格者总是认为对方对自己的好是理所当然的。他们用爱“捆绑”你，要求你为他们付出，过节时的礼物、生活中的照顾、陪伴，在偏执型人格者看来再正常不过了，是他们对伴侣的基本要求。对于伴侣的付出，他们总是坦然地接受却很少回报。但这往往会使对方感到疲惫，因为感情不是一方“哺育”另一方，感情需要两个人共同维护。当恋爱中的双方的付出不对等时，付出得多的一方就会越来越理性地看待这段关系，也会变得有些消极。而当恋人稍稍表现出懈怠或敷衍时，偏执型人格者就会认为对方对自己失去了耐心，认为对方“不爱了”，他们会把往日对方对自己的好全部抛在脑后，只计较眼前的“损失”。

同时，偏执型人格者会一直对伤害过自己的人心怀怨恨，他们无法释怀。即使对方道歉，他们也很难做到真正原谅。就这样，偏执型人格者把自己关进了恨的囚笼。

自命不凡，却又极度自卑

偏执型人格者的性格是矛盾的，这可能与他们的童年时期的经历有关。一方面，如果他们的想法得不到旁人的认可和关注，他们的情感需求得不到满足，他们就会陷入自卑的情绪中，会在与别人的比较中放大自己的不足和缺陷，继而否定自己，认为自己不如别人。所有的负面评价都会导致其内心出现激烈的冲突。另一方面，正是这种强烈的自尊心给了偏执型人格者前进的力量，他们总认为自己和别人不一样，并且坚信自己在事业上一定能“有所成”。他们的很多行为和想法，以及他们对目标的执着追求往往不被世人理解。

但无论是自视过高还是极度自卑，都反映了偏执型人格者对自身的能力认识不足，对自我形象不认同。尤其是当他们没有得到他人的认可时，原有的优越感会突然消失，他们会产生强烈的失落感和自卑感。

爱上偏执型人格者：与猜疑共处

爱上偏执型人格者就好像是进入了一场互相猜疑的游戏，与他们相爱往往令人疲惫。一位女士曾这样回忆偏执型人格的前任："他就像一颗酒心巧克力，刚入口时的甜让人迷醉，糖衣里面的酒却浓烈得烧喉。"偏执型人格者敏感、多疑、嫉妒心强。他们是个矛盾体——一面渴望被爱，渴望得到恋人加倍的呵护和疼爱，以便从中获得存在感，一面又不断地怀疑恋人的爱的真实性。偏执型人格者的爱是不信任的爱，强大的自尊心和嫉妒心令他们的恋人在恋爱中如此不安，这样的爱就像是一瓶变质的橘子汽水——人在刚得到时它满心欢喜，但细细品尝后却发现它酸苦难耐。

在与偏执型人格者恋爱的初期，你满心欢喜，以为你就是他的全部。他每天都围着你，似乎要对你讲尽这世间所有的甜言蜜语。他就像一只蜜蜂，耀眼的黄色代表他的热情，而你就是花园中唯一映入他眼帘的娇艳欲滴的玫瑰，“嗡嗡”的情歌他只唱给你听，沁人心脾的蜂蜜就是你们的爱情证言。这种感觉使你沉醉。

随着恋爱甜蜜期过去，你会慢慢地发现他又像一块巧克力，甜味退去后是微苦的回味。在享受过你给予的爱后，偏执型人格者开始觉得你极其重要，但是他并不会因此而加倍爱你，因为这份爱刺激了他内心的不安，于是，猜忌的大门打开了。他装作一幅对你无欲无求的样子，他的内心却充满猜忌——他看你的手机，追踪你的行程，一旦你没有主动地满足他，他就会抱怨：“看吧，你果然是不爱我的。”他怀疑你对他的所有爱都是虚情假意，甚至怀疑你出轨。于是他不断地挑起事端，你的愤怒点在哪里，他就往哪里戳。他不停地测试你对他的容忍度，挑战你的底线，检查你的忠诚度。偏执型人格者在这场猜疑式的恋爱中就是操纵全场的游戏赢家，你对他的温柔都被他看作阻碍他赢得游戏的威胁。你为了和一株长满刺的仙人掌继续相爱，强迫自己进化出了厚实的皮肤和不敏感的痛觉。

与偏执型人格者度过漫长的恋爱岁月后，你才逐渐明白，自己在他眼里只是一个外人。他最爱你的时候就是他刚认识你的时候，此后，爱一路下滑。这时的你似乎明白了那句话："我把你当成我自己来喜爱，你把我当成你自己来厌恶。"偏执型人格者在分析事情时习惯从投射性认同的角度出发，相恋的时间长久了，他会在你身上发现他自己的缺点。因为发自内心地承认自己的错误是令他崩溃的，所以他需要把这种来自内部的负面的东西外化到你的身上，因此你在他心里逐渐从爱人变成了憎恨的对象。他无理由地怀疑你的忠诚度和可信度，作为他最亲近的人，你被伤害得体无完肤却毫无办法。

理解 TA：对他人缺乏信任

偏执型人格者总是认为别人对自己有恶意，所以他们的典型的人格特征是猜忌他人。他们很少与别人亲近，他们担心自己分享的信息会遭人利用，担心别人会对自己不利。他们常常心存怨恨，很难与人建立一种深层次的亲密关系。事实上，偏执型人格与自恋型人格很相似，其区别在于自恋型人格者担心的是针对自我概念的攻击，因此他们会表现出强烈的优越感；偏执型人格者则总感觉别人会攻击自己。与此同时，偏执型人格者有时会有被害妄想，而且这种妄想会被投射到自己的恋人身上，其本质是安全感匮乏。

偏执型人格者有一套非黑即白的、不可撼动的原则，以及自动化的负面思维方式，例如，“恋人并不是真心爱我”“恋人不值得依赖”“如果这份感情失败了，我的人生就完了”。

通常，偏执型人格者成长于社交隔离的家庭，其家庭中常常有“他人即地狱”的观念。他们的生活中往往充满竞争，他们要么认为学业有成是唯一有价值的事，要么认为被人拥戴是唯一有价值的事。他们较少合作，总是怀疑别人在欺骗他们，因此偏执型人格者常常猜测别人的意图。他们的朋友较少，爱好也较少。他们有这样一些关于自己的念头：“我无趣”“我不可爱”“我没有价值”“我没有可以分享给别人的东西”；关于恋人，他们总觉得恋人只是表面上对自己好，“其内心没那么喜欢我”。他们需要温暖和温柔化解内心的执念。

他们对来自恋人的善意不那么敏感，反而对来自恋人的批评充满敌意。因此，他们一般会认为：“如果我很优秀，我就是有价值的；如果我不成功，别人就会欺负我；如果我保持警惕，我就能保护自己；如果我让别人接近我，他们就会占我的便宜；如果别人觉得我软弱，他们也会占我的便宜。”他们的优秀对恋人极具吸引力，但随着亲密关系向深层次迈进，他们与恋人之间始终隔着他们的猜忌。

他们有些先入为主的观念，例如，对所有人都不能全然信任。他们倾向于对信息进行选择性的注意，倾向于对模糊的信息进行负面解读。与偏执型人格者相爱特别辛苦，因为他们很难和他人建立真正的亲密关系。

如何与偏执型恋人相处：
卸下盔甲

你有没有发现你的恋人有时很体贴，有时又很狂躁？偏执型人格者的行为显得有些古怪，他常常给人留下喜怒无常的印象。当他认为你很贴心时，他也会显得很体贴、很温柔；当他的内心变得充满猜忌时，他就会表现出暴躁的一面。他经常通过一些极端的方式来验证你对他的爱，有时这种方式会危及双方的生命安全。你是不是觉得这样的感情很危险？但是在大多数情况下，他们的初心是想保住这份感情。他们只是在通过不断的试探来寻求安全感。所以，如果你爱上了偏执型人格的他，你不妨试试以下方法，或许这些方法会让你和他在爱情路上走得更加长远。

1. 寻找“荒诞”背后的真实

“我是你的恋人，我难道没有权利管你吗？”

有偏执型人格倾向的人有时意识不到自己身上的问题，却总把原因归咎于他人。你有没有注意到你的恋人上一秒还在心平气和地与你交谈，下一秒就大怒？他内心的不安全感、敏感和多疑都是他的不稳定的情绪的来源。他常常把别人的行为和态度当作挑衅。他总是固执地坚持自己的看法，认为别人不站在他的立场上思考问题。作为他的恋人，你可以仔细地观察恋人的偏执行为的前兆是什么，然后通过总结这些事件的相关性来探寻让伴侣变得暴躁的点究竟在何处。

你是不是有时候不知道自己究竟错在哪里？其实有时候你并没有做错，是你的恋人的多疑在作祟。你可以尝试平心静气地与他沟通，但是当你的安全受到威胁时，你要大胆说“不”，及早远离。

2. 分散注意力，钻出牛角尖

“我不听我不听，你说啥都没用。”

偏执型人格者有时会钻进牛角尖出不来，无论别人对他说什么，他都不会听。他的思考逻辑是："不行，我一定要把这件事弄清楚。"拥有这样一个恋人的你或许有些"头疼"。当他对一件事情过分"专注"时，你可以试着分散他的注意力，尽快让他们从这个旋涡中抽离出来，例如，请朋友到家中做客，让他参与集体性的活动。与朋友的交流可以转移他的注意力，让他紧绷的神经变得放松一些。

此外，你也可以邀请恋人做一些他感兴趣的事情，让他意识到你是关心他的，从而安抚他的脆弱、多疑的心。有时，他表现出来的"古怪行为"只是他验证你的爱的方式，你应该关注他的这些行为背后的原因。你可以主动采取一些措施，给他温暖，从而改变他的心理状况。

3. 以退为进，避开引爆器

"我怎么可能会错？一定是你错了！"

"你会不会利用我？""你今天和谁出去的？你什么时候认识他的？你为什么不告诉我？""你是不是马上就要离开我了？"……对此你是不是感觉很窒息？当你的伴侣陷入这种偏

执性情绪时，你需要一颗强大的心脏。不要急着争辩，也不要试图纠正他的观念，因为他会对你的话充耳不闻。

他为什么一定要向你证明自己是对的呢？可以说，他是为了“杠”而“杠”，他希望通过“杠”来引起别人的关注与重视。因此你不回应，让他的那些还没来得及说出口的话就此消失，就是对他最大的惩罚。等他的心情平复后，你再选一个适当的时机，表达一下你的感受。例如，你的恋人说：“你是不是出轨了？你是不是不爱我了？”听到这些话，你一定非常失望、生气、委屈，但是，请控制自己，因为如果你在这个时候争辩，他只会认为你在找借口。你可以等到第二天约他吃饭，在饭桌上告诉他：“昨天我听了那些话后真的不好受，因为我一心一意地爱着你。”这时候他可能已经从偏执性情绪中走出来了，也更能意识到自己的问题。

其实在矛盾发生时，任何人都不愿意被对方一味地指责。因此，在不涉及原则性问题的前提下，你可以抱着“有容乃大”的心态，在当下先不要直接对抗。另外，偏执型人格者在得不到自己满意的话语时，很容易冲动，因此以退为进也是一种保护自己的策略。

4. 寻找关系最优解，卸下他的盔甲

“这个 Y 值到底该怎么解出来？”

和偏执型人格的恋人相处，就像在解一个多元一次方程。那么这些“元”有哪些呢？

这些“元”就是包容、真诚、信任。

包容他的斤斤计较。你选择了开始这段亲密关系，这就证明他一定有他独特的魅力，那么这份偶尔爆发的偏执就是他身上的可以被包容的缺点。如果你能和你的偏执型伴侣相处得很好，那么你在生活中一定可以和其他人都相处得很好。

以诚相待。正因为偏执型人格者不轻易相信别人，所以作为伴侣的你更要真诚地对待他。坦诚地面对彼此可以使无故猜忌引起的争执减少很多，例如，你可以将“我和朋友出去玩了”换成“我和 ××× 去大庄火锅店吃饭了”，这可以让他感受到你并不是在敷衍他。

信任他的爱。虽然他有点偏执，但他并不是个“疯子”，他选择了你，这就说明他已经对你产生了与众不同的“信任”。比起其他人，他更愿意让你走进他的生活。

假如你是偏执型人格的刺猬

偏执型的刺猬满身是刺，一旦他人侵入它的领地，它就会竖起这些刺，并将刺伸向对方。随着关系越来越亲密，它的刺会开始伤害无辜的伴侣。偏执型人格者以“万事皆存疑”的态度对待恋人，极易将亲密关系带入猜忌的沼泽。

1. 黑白之外，还有灰色地带

偏执型人格者往往会被自己的执念困住，执着地追求自己的理想中的“理”。起初，爱情中的流动的情感、温柔的目光、甜蜜的表达对你来说都是一股暖流，然而双方进入深层的亲密关系后，你开始期待“绝对”的忠诚和“毫无保留”的坦诚，这对很多人来说都是难以接受的。你需要学习接纳与自己不一样的色彩、不完美的彼此和不那么“正确”的世界。

2. 积极的自我暗示

偏执型人格者在亲密关系中总显得特别辛苦，你要相信恋人间的磕磕绊绊是双方给彼此留下的相互学习、相互适应的机会。而猜忌这根刺会直指伴侣的心，刺扎得久了可能就再难拔出了。你要给自己一些积极的暗示，尝试弱化自己想对抗的心理，例如，“小事一桩”“我要试着相信她”。当你“妒”火中烧时，请试着按下暂停键，学着转换频道。这个过程可能很漫长，但你只要启程，终会抵达彼岸。当你发现自己陷在偏执性情绪中时，请及时让自己从当下的环境中抽离出来，你可以通过唱歌、看电影或踢球来排解自己的冲动情绪。

3. 扩充自我认知，体会不偏执之美

偏执型人格者往往也特别招人喜欢，因为他们最初表现出的百折不回的执着往往能感动对方，而且偏执型人格者有一往无前的积极心理品质。如果你能够从非黑即白的、绝对化的视角中探出头来，适当地收敛自己的刺，而将人格中的“偏执”

用在工作中，你将获得亲密关系的温暖，以及事业的发展。

4. 偏执型刺猬的知心爱人

只有持续的经营才能使爱情蒸蒸日上。当两只偏执型刺猬碰撞在一起时，双方都会在自我的牛角尖里钻来钻去，互相猜忌，感觉棋逢对手。爱上这种角逐的结果是双方遍体鳞伤。真爱就是两个人即使有刺，仍旧试着不断靠近，试着拥抱彼此藏在心底的爱。偏执型人格者的疗愈伴侣往往有颗“大心脏”，能对你所有的“偏”“视而不见”，这本身对偏执型人格者就有疗愈的作用。不争执、不计较的“大女人”或者“大男人”会使这段亲密关系越走越顺。

戏剧推荐：《恋爱的犀牛》

《恋爱的犀牛》是一部由先锋戏剧导演孟京辉执导的舞台戏剧，于 1999 年首演。男主人公马路是一名年轻的犀牛饲养员，他无可救药地爱上了女邻居明明，并坚信明明是属于他的。然而，明明并不爱他。为了博取明明的欢心，马路绑架了明明并杀死了心爱的犀牛。

主人公马路在面对爱情时就像犀牛一样盲目、冲动、不顾一切。他明知明明的心中爱慕着艺术家陈飞，却还是认定明明是他今生的挚爱，在他写给明明的情诗中，他毫不掩饰自己的疯狂："一切白的东西和你相比都成了黑墨水而自惭形秽，一切无知的鸟兽因为不能说出你的名字而绝望万分……"他一次又一次地为明明做出改变，却始终徒劳无功，"不爱"已经是一切的答案。然而，马路依旧沉浸在自己的世界里。他当然想过放弃，但放弃会给他带来更多的痛苦，这样一段台词是对他的心情的真实写照："也有很多次我想要放弃了，但是它在我身体的某个地方留下了疼痛的感觉，一想到它会永远在那里隐隐作痛，一想到以后我看待一切的目光都会因为那一点疼痛而变得了无生气，我就怕了。爱她，是我做过的最好的事情。"他自以为自己的爱情和别人不同，自以为他爱的这个女人和所有的女人不一样。这种自命不凡的想法恰恰证明了他的偏执。正如马路的朋友所言，“过分夸大一个女人和另一个女人之间的差别，在人人都懂得选择明智的今天，算是人类中的犀牛——实属异类”。

戏剧中的马路带着无法控制的偏执表达着自己的情感，他将自己的奖金给了明明，甚至取出犀牛图拉的心给了明明。他的偏执让他落入对明明的痴迷的旋涡中，无法自赎。

第 4 章

强迫型人格的爱情

强迫型的刺猬的刺非常整齐，它不能忍受一丝凌乱。

案例：完美的惩罚

男主视角：理想的爱情就是做正确的事

张烁是一个非常自律的人，他每天早上5点30分起床，花10分钟的时间洗漱，再外出运动50分钟。运动结束后，他在6点30分回到家，花半个小时吃早餐，在7点准时出门上班。无论是刮风还是下雨，他每天都是如此。他有良好的生活习惯，从来不做自己认为不正确的事情。他从来不沾烟酒。在生活中如此自律的他，在工作中更是一丝不苟。经他处理的文件从未出现过错误，哪怕是一个标点符号的错误。与同事相处时，张烁乐于给同事提出建议，并帮助他们像自己一样完美地完成工作任务。即使在公众场合，他也会直言不讳地指出同事的错误。

无论是在工作中还是在生活中，张烁对自己的要求都非常严苛，优秀的他让他周围的许多女性都对他产生了好感，尤其是他的同事小娜。在被张烁帮助过多次后，小娜觉得张烁是一位非常有担当、有责任感的男士，正是自己理想中丈夫的模样。某天下午，小娜向张烁表白了。但是，出乎许多人意料的是，张烁拒绝了这位“全公司男士心中的女神”，而拒绝的原因仅仅是他不想在公司附近找对象，而“附近”的标准是“与公司的距离小于5千米”。无论对方多么优秀，他也不会改变他的原则。同事问他原因，他说：“两个人在同一家公司工作会打乱我的工作计划，而且办公室恋情是不道德的。”

后来，张烁结婚了。他的妻子李丽是距离公司5.1千米的一所小学的语文老师。婚后的张烁是别人眼中的完美丈夫。他主动承担家务，每天晚上7点准时打扫卫生。张烁打扫完卫生后，两个人外出散步半小时，“这有助于加强沟通，深化夫妻感情”。家里每周开展一次大扫除，所有的家具、家电都要一尘不染。在外面，张烁也是一个非常有原则的人，他谨记自己已婚男士的身份，拒绝任何异性的示好，即使对方是在开玩笑，张烁也会义正词严地拒绝：“我是有家室的人。”

张烁觉得自己非常“完美”地扮演了丈夫的角色：努力地工作；主动做家务；不抽烟、不喝酒、不应酬；坚持运动，保持着完美的身材；准时出门上班，下班后准时回家；每天都有固定的与妻子独处的时光；道德感极强。李丽嫁给他应该是非常幸福的。

女主视角：我好像嫁了个机器人

李丽前段时间结婚了，她特别开心，因为她嫁给了自己喜欢的人。朋友调侃她：“张烁真的那么好吗？”李丽很认真地回答：“是的。”在认识张烁之前，李丽从未见过这么优秀的男士。他非常自律，每天坚持早睡早起，坚持运动；他非常有责任心，每一项工作他都会出色地完成；他很细心，两人一起外出时，张烁总能注意到很多李丽没留意的事情；他时间观念很强，每次都能准时赴约。这一切都让李丽非常崇拜他，对他的好感也与日俱增。

然而两人结婚后，随着相处的时间增多，李丽发现这些曾经让她生出好感的优点变成了负担。张烁非常自律，婚后他便要求李丽和他一样自律，他禁止她睡懒觉、吃零食，甚至不让她在“非休息时间”躺在床上。李丽上了一周的课后，感到非常累，她想在周末的时候放松一下，但是张烁却不允许。在他看来，妻子李丽就是在偷懒。张烁的确是一个非常有原则的人，但与他相处得越久，李丽越觉得他固执己见，喜欢较真儿。他认为安排好的事必须得到严格的执行，例如，两人每天晚上必须在6点30分准时吃晚饭，他觉得即使晚吃1分钟也会对身体造成损害。因为张烁承担了每天晚上7点打扫卫生的责任，所以李丽负责做晚饭。如果李丽因为工作做晚饭稍晚了一些，导致他错过了往常吃饭的时间点，张烁就会非常生气，非常暴躁。他会对李丽进行“批评”，甚至全盘否定李丽在婚姻中的付出：“我已经承担了这么多家庭责任了，你难道连晚饭都做不好吗？”李丽觉得张烁太严肃、太僵化、太完美主义了，而且这份完美主义不仅仅是他对自己的要求，也是他对他身边人的要求。

张烁的严格要求让李丽身心俱疲，而更让李丽伤心的是自己的丈夫好像完全不能理解自己，而且非常冷漠。每当李丽因工作中的问题向自己的丈夫抱怨时，等待她的不是丈夫的体贴与安慰，而是对方冷漠的回答："如果你工作不顺心，那你就不要工作了，这不是很简单的事情吗？"有一次，李丽班上的学生出了车祸，李丽非常担心，张烁却说："他出车祸是因为他走路的时候没有安全意识，没有及时避让车辆，这是他自己的错。"李丽非常生气，她想不通自己的丈夫怎么会说出这么冷漠的话，于是她抱怨了几句。而张烁却立刻打断了李丽的抱怨，与李丽争执起来，他完全不考虑对方是自己的妻子，只是一再地强调自己的想法才是正确的。

每个妻子都希望自己的丈夫是体贴的，这种体贴不仅仅表现在分担家庭琐事上，更表现在感情上的爱护与陪伴上。但是对李丽而言，她的丈夫就像一个机器人一样，他严格地执行着自己的指令，没有感情。张烁在婚前的所有优点在婚后都变成了李丽的烦恼。李丽不明白，明明是同一个人做着同样的事情，为什么他带给自己的感受却完全不一样了？到底是哪里出了问题？

婚姻应该如此“完美”吗

其实在生活中，和李丽有同样烦恼的人很多——自己的另一半在外人看来是非常优秀的丈夫（妻子），但是自己却感受不到幸福。在张烁与李丽的故事中，张烁对自己要求严格，可他对李丽同样严格。他把生活和工作安排得井井有条，他希望自己的妻子也能够按照他的计划行事，有时一点点的差别就会使他变得非常暴躁、不安。婚前，李丽觉得张烁是一位非常优秀的男士，他有进取心、有责任感、有原则，她被他的“完美”表现吸引了。而婚后，她却承受着这样一段看似“完美”实则非常辛苦的婚姻。这就是与强迫型人格者相恋、相处的体验。

强迫型人格的爱情图式：爱的世界只有完美

一方是强迫型人格者的恋情是什么样子的呢？

大多数人的身边可能都有这样一种人：他看上去特别完美、友善，但你觉得他 / 她总是拒人于千里之外。你觉得他在说话时有理有据，在做事时一丝不苟；但你也会觉得他不近人情，很较真儿。与这样的人做朋友时你会感受到他的正义感和进取心，你可能会想像他一样成为一个“优秀工作者”。但在亲密关系中，他却好像变了一个人——他不懂沟通，控制欲极强，只喜欢以“自己的方式”做事。他往往缺少对自己和伴侣的情绪的感知，所以在伴侣面前一般表现得很冷漠，这会造成双方在感情交流方面出现困难。

用自己的标准评判他人是强迫型人格者的主要社交缺陷之一，这导致他们无法与别人建立情感联系。在亲密关系中，他们会根据自己的“黄金标准”对另一半做判断。对方的性格的每个方面都要经过他们的严格审查，任何“缺陷”，无论多么微不足道，都会被他们无限放大。强迫型人格者的这种追求“完美”的行为会导致亲密关系中的双方摩擦不断，也会引发双方的负面情绪和怨恨。每当强迫型人格者察觉到对方的“错误的”行为或习惯时，他们就会不停地思考这件事情，并想尽办法迫使对方改变自己的行为或习惯。在这一点上，强迫型人格者是非常固执的，他们的这种行为会使对方感到压抑。时间久了，亲密关系中的另一方还会生出疲惫、不快和挫折感，这会导致亲密关系终止。有时候强迫型人格者会因为害怕犯错而表现得特别顺从，他们会压抑自己的情绪以避免自己犯错。但由于他们没有合理地表达自己的想法和欲望，这些想法和欲望很有可能在事后以埋怨或愤怒的形式爆发。

强迫型人格的爱情写真：我的爱是正确的

追求的“完美关系”并不完美

“我的伴侣必须是完美的！”

强迫型人格者的主要特点，“完美主义”，在他们的日常生活中体现得淋漓尽致。从选择伴侣到为自己乃至伴侣做职业规划，强迫型人格者都极力追求完美。他们往往会认真地考虑所有的可能的选项，分析每个选项的利与弊，因此他们极易陷入选择焦虑中——他们很难做出决断，常常因为拖延错失良机。

在追求完美的亲密关系时，强迫型人格者往往会通过不选择来让多种可能性保持开放，他们可以借此获得某种控制感。由于对“完美主义”的病态追求，他们苛刻、挑剔、不善于变通，也不敢探索未知的生活领域。这限制了他们的幸福感和个人发展。

不能被拒绝的 TA

“我是这样做的，你一定也要这样做。”

强迫型人格者往往责任感特别强，对自己要求严格。而一旦这种高标准出现在亲密关系中，其对象就从自己变成了他人。从日常物品的摆放到行动坐卧，从话怎么说到事怎么做，强迫型人格者往往会不合理地要求别人按照他的方式做，否则他们就会不舒服。他们常常对别人做事很不放心。

一切都必须在计划内

在亲密关系中，对规则和秩序的过度依赖令他们缺乏灵活性。他们不愿意做那些不在计划之内的事情。如果你打乱了他们的计划，他们可能会为此大发雷霆。要知道，在爱情中，“做事前必须先预约”的感觉并不好受。对待感情，他们显得少了一些随性。在绝对的纪律和约束下，强迫型人格者很难表现出柔情的一面。因此，他们的亲密关系往往乏善可陈。

自我施压，作茧自缚

在恋爱关系中，强迫型人格者往往会以“十全十美”的高标准要求自己。在外貌、学历、收入等方面，他们都要求自己是中上水平。他们十分注重提升自身的能力，完善自己的处事方法，他们会努力地塑造一种近乎完美的、无可挑剔的形象。不管是在恋爱时还是在空窗期，强迫型人格者都会通过各种活动提升自己。他们不允许自己在工作或生活中有任何失误，希望通过努力工作提高生活质量，这不可避免地会导致他们牺牲陪伴伴侣的时间。

虽然对自己要求严格可以使他们事业有成，但在情感生活中，这种自我施压会带来不利影响，因为强迫型人格者会以同样的标准要求对方。当对方的某一点让强迫型人格者感到不满时，当对方在工作或生活中犯错误时，他们非但不会安慰对方，反而还会严肃地教育对方。这会使恋人感到压抑，而爱情的美好之处恰恰是双方相互适应和相互包容的过程，过分严格、冰冷的相处模式会使两人之间的情感不足以支撑和维系亲密关系，这样双方都会感到很辛苦。

“程序化”的“细节控”

注重细节的强迫型人格者往往能够准确、迅速、有条理地完成工作，但是在恋爱关系中，强迫型人格者对细节的过分重视会让对方变得谨小慎微，生怕自己因为忽略了某一个细节而让强迫型人格者感到不满。强迫型人格者十分注重“程序”，对方如果不遵照既定的规矩或“程序”做事就会被强迫型人格者要求重做。日常用品，如衣服、饰品、书籍、家具等，都必须放在特定的位置上，保持整齐甚至对称；被子、毛巾等也必须叠放得整整齐齐，它们的存放位置也必须是固定不变的。一旦有人移动或弄乱整齐的床单，强迫型人格者就会感到十分痛苦。

部分强迫型人格者喜欢控制生活中的每一个细节，连对方的活动状态及心理过程他们都要过问。有些强迫型人格者甚至苛刻地要求对方按照自己的目标、方法完成生活琐事。他们没有意识到，交往的意义恰恰在于共同做一些有生活气息的事情，事事“程序化”反而让彼此更加难受。

拘谨又呆板，难以表达情感

在恋爱关系中，强迫型人格者会有不安全感，他们往往会过分在意自己的行为是否正确、举止是否恰当、自己是否会让对方感到失望，他们的情感以焦虑、紧张、悔恨居多，轻松、愉快、满意的时刻却很少。在与恋人相处时，他们很少能敞开自我，接纳对方。他们不会向对方表达自己的真实想法和情感，而是将其隐藏于内心深处。他们倾向于通过实际行动表达自己的情感，但是他们的“高标准，严要求”的特点，以及在交流上的缺陷往往会导致双方之间产生隔阂。

强迫型人格者在生活中冷漠而严格，缺乏幽默感和灵活性，因此显得特别死板，容易使对方感到不满。在处事方面，他们在处理事情时条理清晰，但不知变通，尤其是当突发情况出现时，他们可能会犹豫不决，不知所措。

爱上强迫型人格者：
你的存在就是错误

与强迫型人格者谈恋爱需要勇气，因为这意味着你要适应他的严格。强迫型人格者随身携带着一把“尺子”，苛刻地衡量着生活中的一切。在生活中，这类人并不难相处，因为他们非常自律，而且责任感和道德感极强，能够把工作和生活都安排得井井有条。他们不喜欢给别人添麻烦，他们的正义感与进取心极具感染力。但与他们谈恋爱就不一样了，强迫型人格者对自己的恋人也要求极其严格，你会因为必须时时面对强迫型人格的恋人的苛责而陷入紧张和焦虑之中。强迫型人格者的思维模式起源于其童年及青少年阶段，很难改变。

与强迫型人格者相恋的初期，你会被他的“完美”深深打动。强迫型人格者总是对自己要求严格，在恋爱中也是如此。他不会因为忙着打游戏而忘记和你说“晚安”；约会时他从不迟到；给你的承诺他一定会兑现。如果你指着一束花说自己喜欢，下次约会时他就会把这束花送到你的手上，连花束的角度和外包装的颜色都分毫不差。工作上，强迫型人格者的逻辑思维能力很强，往往有较高的社会地位和较强的经济实力。面对这样一位体贴又成功的伴侣，谁能不心动呢？那么，他的“完美”的背后是什么呢？

生活并非非黑即白的二元世界，生活中有缺憾，有灰色地带，苦乐参半其实就是生活的真实样貌。强迫型人格者很难接受生活中的不完美，很难接受他们的“无能为力”。随着恋情的逐步深入，你会逐渐发现，你们的感情像一锅包子——刚出锅时热气腾腾，但没过多久就变得没有一丝温度了。强迫型人格者做起事来按部就班，墨守成规，略显刻板。在感情中他们给人一种“机器人”的感觉。他们常常纠结于很多细节。你不明白，为什么一件简单的事情在强迫型人格者眼中竟会变得那么困难。单调的重复耗尽了你的精力，你们之间的矛盾也逐渐增多。

但强迫型人格者的思维并不像机器人那样简单，他们会不断地给自己施加压力，甚至会向另一半施压。对细节和秩序的过度关注导致他们的思维方式和行为方式固化。他们听不进他人的建议，坚持用自己眼中的“完美标准”绑架另一半。例如，他要求你早上 6 点必须起床，地板上不能有一根头发，床单上不能出现折痕，等等。这些要求看起来很简单，但当所有这些事叠加起来的时候，它们会让你不堪重负。你经常处在被要求、被责怪的紧张状态中，这种压迫感让你想逃离。而且很多时候，强迫型人格者会执行“双重标准”——自己不能完成某些事，却要求对方完成，这会让双方都非常痛苦。

理解 TA：
难以容忍不完美

强迫型人格者的典型特征是过度追求完美、过度关注细节，他们难以应对模棱两可的状态，也难以表达情感。但是他们也有自律、严谨、坚韧、可靠等优点。

心理学家西奥多·米伦认为，那些行为受到严格控制的孩子很可能形成僵化、追求完美的性格特征。这样的孩子成年后，会在自己擅长的领域有所发展，例如，获得学术方面的成就、获得运动方面的成就，他们希望以此避免父母的批评或惩罚。由于过度关注某个方面的发展，他们在其他方面会表现得不那么出色。他们对自己要求严格，对他人求全责备。

这样的个体往往是在规则僵化的家庭中长大的，其父母可能也是强迫型人格。在这样的家庭中，家庭成员之间的边界清晰，家庭成员极少自我表露，休闲活动匮乏。他们的内心住着一位评判家，这位评判家会随时对他们的行为进行批评。

如何与强迫型恋人相处：拥抱真实

你有没有发现你的恋人是个“细节控”？他做事情按部就班，不允许自己出现一丝差错。他觉得只有自己的做事方式才是正确的。在与这样的恋人相处时，你是不是感觉很压抑？如果你有上述感受，那么你的恋人很有可能是强迫型人格，强迫型人格者喜欢用自己的标准要求他人，希望别人和自己一样把事情做到“完美”。他们之所以这么注重细节，害怕出错，是因为他们对批评非常敏感，这与他们在童年阶段受到的家庭教育密切相关，他们害怕因做错事而受到批评。所以，如果你真的爱上了强迫型人格的他，你可以试着理解他的行为，尊重他的想法。以下方法可能会让你们的爱情之路更顺畅。

1. 包容他的挑剔

强迫型人格者有完美主义倾向。只要规矩被打破，他们就会变得很暴躁。强迫型人格者在严格地按步骤做事时，并不会感到自己在强迫自己，他们感觉自己在做正确的事。

此外，强迫型人格者往往会不合理地要求别人也要严格按照自己的方式行事。例如，强迫型人格者会在你做家务时，不停地发表“意见”，“指点”你。其实这正是他追求完美的表现。你可以根据他提出的意见适当地改进，对于一些自己觉得没有必要“改正”的细节，你可以忽略。

2. 学会换位思考

强迫型人格者之所以处处追求完美，是因为他们害怕受到批评，害怕自己因为不谨慎而出错。你对恋人的看法会影响你们的相处体验。如果你只看到了他的控制欲与固执，你可能会忽视他的付出和善意。理解他内心的焦虑与恐惧，认真感受他内心的善意会改善你自己的心情，也会对亲密关系产生积极的影响。

因此，如果你的恋人在日常生活中有一些“奇葩”行为，你可以问一下自己或对方，为什么他会这样做。试着理解他的初心，可以帮助你了解他。

3. 获取沟通密码

强迫型人格者的吹毛求疵，很容易让他人难以忍受。如果你的恋人是强迫型人格者，那么沟通的艺术对你来说就非常重要。“良言一句三冬暖，恶语伤人六月寒。”想一想他人对你的指责。面对指责，你的心情如何？指责能让人变得更好吗？因此，和强迫型人格的恋人沟通的首要原则是，避免冲动。

另外，在与强迫型人格者沟通时你要谨记三个关键词：倾听、直接、正向。**倾听**指听他的想法，了解他的思想，与他共情。**直接**指你要直接向对方表达你的需求或疑问，因为强迫型人格者洞察他人的需求的能力不足。**正向**指多向对方表达正向的想法和你对他的关心。你可以在与对方交流时尽量以“我”开头，以积极的、正向的方式表达你的想法。例如，用“我好心疼，你加班到这么晚”，代替“你为什么这么晚才下班”。少一些质问，多一些情感。你要让他知道你对他的关心，久而久之，他就会变得更善于表达自我了。

4. 拥抱不完美的彼此

我们常常幻想自己的伴侣是完美的——他英俊潇洒，风度翩翩；她貌美如花，上得厅堂下得厨房。但是，哪有十全十美的感情呢？如果你的恋人是强迫型人格者，那么这段关系会更加不易。作为伴侣的你，首先要接受他的不完美。

电影《温暖的抱抱》中的男主角鲍抱是个生活以“秒”计的强迫型人格者。起床、洗漱、上班……他每天的生活都遵循着一个固定的模式。他渴望别人的关怀，渴望别人的拥抱，却始终无法迈出那一步。在故事的最后，女主角宋温暖用爱治愈了他，鲍抱收获了最温暖的拥抱。

爱不是万能的，但一定是神奇的。如果你的伴侣是强迫型人格者，请你在关系中理解对方，同时让他知道你的想法。两个人只有接纳不完美的彼此，才能拥抱爱情。

假如你是强迫型人格的刺猬

强迫型的刺猬的刺非常整齐，它不能忍受一丝凌乱。同时，它会用同样的标准要求自己的伴侣。这只刺猬呈现给伴侣的是自己整齐而锋利的刺，而不是它柔软的心。

1. 让内心的规则松动一点

秩序或许会让你暂时感到安全和满足，但是你要知道，整齐的刺背后是你的焦虑和不安，是你对未知领域的恐惧，是压力与痛苦。所以，请放一放，停一停，想一想。这些“规则”是不是真的能让你变得更好？顺其自然不仅能帮你为自己“松绑”，也有助于你与伴侣建立更优质的亲密关系。

2. 学会与不完美相处

你总想把事情做得尽善尽美，你要求你的恋人也要如此。但是你忽略了一个问题，人生而不完美，无论是你自己，还是你的恋人。所以你要学会与“不完美”相处。一方面，你要接纳自己的不完美，告诉自己不要对细枝末节过度在意，这毫无意义；另一方面，你也要包容恋人的不完美，学会倾听恋人的想法，而不是一味地让对方按照你的要求做事。

3. 大胆地拥抱真实的爱恋

请从你给自己制定的条条框框中走出来，鼓起勇气面对恋爱中的各种各样的问题。假如伴侣为了给你准备生日惊喜而在约会时迟到了十分钟，那么迟到仍然是不可原谅的吗？伴侣为了帮你分担家务而打乱了物品的摆放顺序，这真的值得你大发雷霆吗？一段“双向奔赴”的关系需要双方感受爱、理解爱、拥抱爱。那一点红究竟是蚊子的血还是朱砂痣？这取决于你怎么看。

4. 强迫型刺猬的知心爱人

两个强迫型人格者的爱情可能会因为彼此心中的秩序世

界千差万别而冲突不断，双方都希望对方能按照自己的规则生活。适合强迫型人格者的爱人应该具有极强的包容性、接纳能力，以及共情能力，可以包容强迫型人格者的挑剔，能够接纳他为生活设定的条条框框，更重要的是可以理解他这样做的初心，并鼓励他拥抱不完美的自己与他人。走在成长路上的强迫型人格者会因为恋人带来的不一样的风景和不一样的体验而产生变化。

电影推荐：《天使爱美丽》

电影《天使爱美丽》于2001年在法国上映，由让·皮埃尔·热内执导。电影的女主人公艾米莉古灵精怪，而男主人公尼诺脆弱、敏感，机缘巧合下，两个人走到了一起。而艾米莉在童年时期的遭遇和长大后的种种行为模式为我们展现了强迫型人格者的别样世界。

幼时的艾米莉与她的父母生活在一起，当医生的爸爸喜欢大片大片地刮墙纸，喜欢将皮鞋一字摆开，逐个擦亮。当老师的妈妈不习惯被陌生人触碰双手，喜欢将地板擦得奇亮无比，会把皮包里的东西全部倒出来，再有条理地一一放回去。年幼的艾米莉在潜移默化中被影响着。在一次体检中，爸爸拿着听诊器检查艾米莉的心跳。面对极少拥抱自己的爸爸的突然亲近，艾米莉心跳加速，却被爸爸误认为有心脏病。从此她开始了不能上学，只能在家里和妈妈学习的日子。但命运的玩笑终究还是开到了小艾米莉的身上，她的人生也迎来了第一次转折。艾米莉跟随妈妈到圣母院求子，两人从圣母院出来时，一位自杀的游客“从天而降”，不偏不倚地砸在了妈妈的身上。从此艾米莉只能与爸爸相依为命。面对妈妈的离去，艾米莉的爸爸深感孤独。为妻子修建的精致、小巧的墓地，是他最后的寄托。

年幼时的经历并未让艾米莉的生活失去阳光。艾米莉说："我喜欢寻找没有人在意的事情。"她喜欢在电影院偷偷地观察观众们的表情；去超市购物时喜欢把手插进装满谷物的袋子的最深处；喜欢用汤匙尖儿敲破烤布丁的焦糖皮。在一个夜晚，艾米莉迎来了生活的第二个转折点。她在不经意间发现了藏在墙砖后面的一个小铁盒子，盒子里面装满了小孩子喜欢的玩具。古灵精怪的艾米莉灵机一动，决定找到盒子的主人并将其归还。她告诉自己，如果对方深受感动，她就从此开始行侠仗义、帮助他人；若对方没反应，她就继续我行我素。命运在向艾米莉传递阳光，经过多方打听，艾米莉找到了盒子的主人——一名中年男子。她将盒子偷偷地送到了他的手里，中年男子看到盒子后感动不已。艾米莉的"天使"生涯从此开始。"如果我注定孤独，那么我愿意去爱全世界。"这句话是艾米莉的人生的真实写照。

艾米莉帮助了很多人。自闭的老人整日在家里画画，他全身的骨头如玻璃般易碎，艾米莉就把有趣的录像带拿给老人观看；菜摊伙计总被刻薄的老板欺负，艾米莉就给伙计出主意捉弄老板；咖啡店的女同事失恋了，艾米莉就帮她与一位经常来店里的客人成了恋人；女房东怀念死去的丈夫，不能自拔，艾米莉就伪造了一封迟到的情书帮她重新燃起对生活的希望。后来，她遇到了尼诺。尼诺是个有小怪癖的男人，他会走遍城里每个照相亭，收集那些被遗弃的照片，然后小心翼翼地拼好，整齐地贴在相册里。艾米莉精心设计了一系列计划，帮尼诺解开了心结。最终，两个人坠入爱河。

在故事的最后，艾米莉坐在尼诺的自行车后座上，画面无比美好。

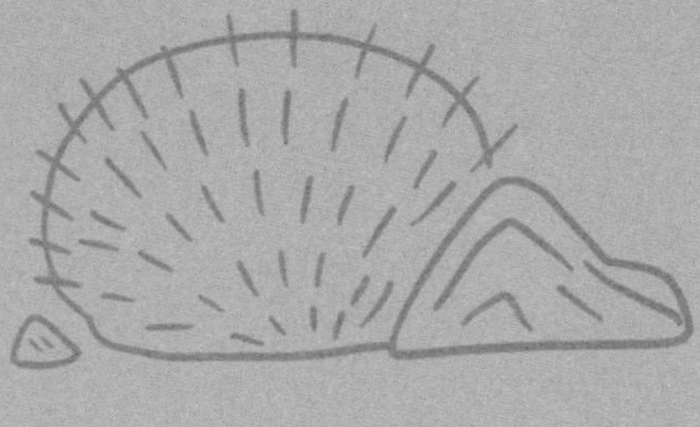

第 5 章

回避型人格的爱情

回避型的刺猬自卑，容易退缩，总喜欢缩成一团。

案例：越靠近，越恐慌

男主视角：越亲密，越不安

刘宇与妻子王伊相识于一场同事聚会。其实他并不喜欢这种场合，相较于和大家一起玩乐，他更喜欢独处。但就是在这场聚会中，他见到了落落大方的王伊。她开朗、活泼，长相甜美。在那一刻，刘宇心动了。一向不喜欢主动与他人交往的刘宇全程都在做思想斗争——“我要不要找她要联系方式？”“她会不会觉得我不可靠？”“她会不会排斥我？”“她会不会当众拒绝我？”“可是如果以后我们没有机会见面了怎么办？”……刘宇不断给自己打气，最终，他对爱情的渴望战胜了他的恐惧，在聚会结束后，他鼓起勇气找王伊要了她的联系方式。

与王伊成为微信好友后，刘宇又陷入了焦虑之中，他不知道怎么开始与王伊交流。幸运的是，王伊主动发来了消息，原来她对刘宇也有好感。之后，两个人时常通过微信闲聊，但是大多数时候都是王伊主动联系刘宇，刘宇简单地回复几句。刘宇有时候很自责，明明自己也很想与王伊亲近，可一旦联系稍微密切一点，他就会觉得不舒服。他非常担心，害怕王伊不喜欢不擅交际的自己。但刘宇很喜欢王伊，于是他强忍不适继续与王伊交往。一年后，在双方家长的催促下，两个人结婚了。其实对于婚姻，刘宇有点抵触。他好像很害怕进入亲密关系。每当两个人的关系更进一步时，他就会觉得不安，想远离这段关系。

婚后，刘宇发现王伊越来越依赖自己，一点小事她都要找自己处理。刘宇很生气，他觉得王伊总向自己索取。两个人常常因为一点小矛盾争吵，大多数时间是王伊在表达不满，刘宇的反应是要么讽刺两句——“你是不是很闲？你天天为这些小事浪费时间”，要么冷处理——下班后不回家，自己找个地方待着。刘宇觉得自己很害怕王伊依赖自己，因此他会本能地逃避对方对自己的爱。因为在刘宇心中，爱情都是自私的，所以不过分投入才是明智的。更让刘宇难受的是王伊和他的母亲的关系，两个人在刘宇和王伊结婚前，明明亲如母女，如今竟成了敌人。两人三天一小吵，五天一大吵。每当自己的母亲和自己的妻子争吵时，刘宇都感到十分恐惧且不知所措——“我该怎么做？”“为什么一点小事就能让他们吵起来？”……刘宇不知道如何面对这种场合，他只能看着他们争吵，或者摔门而去。

女主视角：渐渐降温的爱情

有一次，王伊去参加朋友的同事聚会，在聚会上她第一次见到了未来的丈夫刘宇。成熟稳重的他在热闹的人群中显得格外特别。入座后，大家聊得热火朝天，他却静静地吃着菜，偶尔被大家提到时，他就回应一下。王伊有些心动，于是她悄悄地问了朋友他的名字，想着要不要找他要联系方式。让她惊喜的是，聚餐结束后，刘宇竟然主动找她要微信号了。

两个人成为微信好友后，刘宇却一直都没联系王伊。耐不住的王伊主动给刘宇发了个微信表情，过了一会儿，他回复了。就这样，两个人聊天的次数渐渐多起来。每次两人聊天的时候都是王伊主动找话题，刘宇的话很少，回复得也很慢，有时候甚至不回复。但王伊没在意，因为朋友说过，刘宇一向如此，话比较少。他在工作时认真、专注，在生活中很独立，这些优点深深地吸引了王伊。有时候王伊想，刘宇沉稳，自己活泼，两个人是完美的互补型情侣。一年过去了，虽然刘宇一直比较冷淡，但是王伊觉得刘宇是喜欢自己的。不久，在双方父母的催促下两个人结婚了。

对于结婚这件事，王伊发现刘宇有点抵触，她问他为什么，刘宇一直沉默不语。有一次，王伊又提起了这件事，刘宇表示，自己虽然喜欢她，但是不想结婚。王伊生气地走了。事后王伊希望刘宇能主动找她道歉。可是，刘宇并没有这么做。但是王伊从朋友口中了解到，刘宇最近在工作时总是一副心事重重的样子，看起来心情低落。王伊忍不住又约他见面。最终，两个人还是结婚了。

可是，婚后的生活并不像王伊想的那样甜蜜。婚后，刘宇变得更冷漠了，对王伊若即若离。当王伊想靠近他的时候，他表现得很不耐烦，好像不太希望王伊进入他的生活。当王伊需要他的关心与帮助的时候，他只会冷漠地指责王伊："这么点小事你都处理不了。”这让王伊非常痛苦，她不明白，为什么她的丈夫总想把她推开。让王伊更难过的是，每当自己与婆婆有矛盾时，刘宇从不主动帮忙化解，总是毫无表情地站在一边看着她们吵，或者直接逃离现场。因为这些事情，王伊和刘宇吵过很多次，但是刘宇总是逃避问题——要么指责王伊，要么冷落王伊。可是，一旦王伊有与刘宇分开的想法，刘宇又会表现得非常痛苦。王伊知道刘宇是爱她的，可是她不明白为什么他总是不让自己靠近。

想爱又拒绝爱

刘宇爱王伊吗？其实他是爱她的，刘宇的内心很矛盾，他渴望爱情，也希望能像其他人一样成为妻子的依靠，但是每当妻子靠向他时，他又不由自主地回避，因为他害怕被伤害、被抛弃——“如果我任由自己陷入这段爱情中，我会不会被抛弃？如果我被抛弃了，我该怎么办？”他的内心充斥着不安全感，因此在遇到问题时，他只能通过冷漠和逃离来回避痛苦。他想通过拒绝亲密来切断自己的爱，以免留给别人伤害自己的机会。如果你的 TA 也是这样，那么 TA 很有可能和刘宇一样，是回避型人格者。

回避型人格的爱情图式：
逃离是主题

一方是回避型人格者的亲密关系是什么样子呢？

有的人在亲密关系中，表现得忽冷忽热；当冲突出现时，他们总是用沉默应对。爱情中的他们显得并不开怀。那么这类人到底想不想要亲密关系呢？其实他们的内心是非常渴望亲密关系的。他们之所以回避，甚至逃离，是因为其内心极度缺乏安全感，害怕负面评价带给自己的心理伤害。

“自尊心很强却没有自信”，是回避型人格者的真实写照，他们会有意或无意地在自己和对方之间筑起一道墙，好让自己免于承受亲密关系中的让自己极度不舒服的部分，他们的恐惧和愤怒会一次一次地伤害爱他们的人，自卑且敏感的他们会不断地把自己身边的人推开。这导致他们的伴侣因为屡屡被忽视，甚至被拒绝而选择离开。

1900 年，在豪华游轮的头等舱里，黑人水手丹尼发现了一名弃婴，他为婴儿取名“1900”。从此，游轮成了 1900 的家，大海成了他的摇篮。不幸的是，丹尼在工作时意外丧生，1900 再次成了孤儿。1900 逐渐长大，成了闻名遐迩的海上钢琴师，但是他却从未下过船。他小时候，丹尼曾对他说：“陆地上有大鲨鱼，会吃人。”1900 在大海与陆地间砌了一面心理城墙，船头与船尾之间就是他的全世界，他也从未与别人形成过稳定而持久的亲密关系。小号手麦克斯深深为 1900 的才华折服，与 1900 成了知己。他多次劝说 1900 下船，但 1900 总回答：“我不羡慕陆上的生活。”某天，临时加入演奏的农夫告诉 1900，大海的声音是一种强有力的呐喊，是生命的宣誓。那一刻，1900 的眼里闪烁着从未有过的光芒，他也想站在陆地上，听一听大海的声音。

一天午后，1900 弹琴时通过窗户看到了一名美丽的女子，对她一见钟情。1900 在镜子前笨拙地练习搭讪，但他仍旧不敢靠近那个姑娘。他在三等舱找到了那个姑娘，偷偷亲吻了睡梦中的她。在女子下船的那天，他面对着高楼林立、街道纵横的城市，终究没有勇气与她一起下船，万千心事最终仅化为了一句“祝你好运”。在女孩离开后，1900 十分痛苦，他想去找她。麦克斯的劝说和对爱情的憧憬打动了他，他最终决定下船，登上陌生的陆地。但当他走下船梯，即将踏上土地时，他茫然地看着偌大的纽约市，凝视了一阵后，回到了船上。他对麦克斯说，他再也不下船了。1900 生于海上，长于海上，死于海上。最终，他和游轮一起消失在海上。

1900 身上具有回避型人格者的“爱而不敢爱”的心理特质——与陌生人打电话了解陆上世界的求知欲，想聆听大海的声音的好奇心，想触碰爱、体验爱的真性情，都没有帮他战胜内心的恐惧，他最终选择了回避。

回避型人格的爱情写真：你前进一步，我倒退三步

渴望爱又怕被爱灼伤

回避型人格者是一群“永远无法摘星星的人”。当这类人遥望星星时，他们会满心欢喜地对着星星许愿，希望自己能获得爱情；但当他们真正靠近星星时，他们觉得星星是一块巨大的陨石，随时可能将自己砸得四分五裂。

亲密关系中的回避型人格者往往就是这样，他们不断地在渴望爱与拒绝爱之间挣扎。他们否认心中有爱，他们也渴望被爱。遇到令他们心动的人时，他们愿意接近并尝试了解对方。

但当对方表示对他们也有好感时，回避型人格者却会变得犹豫，他们会不自觉地思考："我真的值得这份爱吗？谈恋爱真的适合我吗？"所以，即使回避型人格者极其渴望拥有一段炙热的情感，但其内心却一直有一个声音："我会受伤吗？"一段关系越是亲密，回避型人格者就越想逃离，他们害怕感情会给他们带来伤害，所以他们选择不开始这段感情。这导致他们在建立亲密关系方面始终存在障碍。

对拒绝敏感

回避型人格者有颗脆弱而敏感的心。他们常常觉得自己低人一等或能力不足，对积极评价感到焦虑，对负面评价又非常敏感。当他人对回避型人格者的付出给予积极评价时，他们往往会显得惊慌、焦虑、不知所措——"我真的那么好吗？我不值得你这样对我。"而当其他人不赞同他们的观点，或者对其进行批评、指责时，他们又会暗自伤神。

回避型人格者往往很享受孤独的感觉，喜欢沉浸在自己的世界中。除了至亲之外，他们往往没有什么知心人。对需要人际交往的活动或工作他们总是能躲则躲。他们像是活在一座孤岛上。

害怕冲突，逃避冲突

当恋人公开地表达愤怒时，回避型人格者往往无动于衷，甚至会逃离现场。

出于害怕被拒绝、害怕遭受负面评价等原因，回避型人格者在面对冲突时往往会显现出“鸵鸟心态”。就像鸵鸟在危急时刻会把头钻进沙子里一样，回避型人格者往往畏惧冲突。他们一旦陷入紧张的氛围中，就会不自觉地想退缩和回避，却忘了问题尚未解决。

处在悲观情绪的深井

回避型人格者的内心深处是非常悲观的，这种悲观的内核导致他们极易失望。回避型人格者的主动接近是非常珍贵且脆弱的——一旦你没有及时给予他们积极的回应，回避型人格者就会认为，是自己的不足使你对他们置之不理，他们会否定自己。他们甚至会因此认为所有人都不喜欢自己，进而陷入悲观情绪。

回避型人格者的悲观还体现在其处事风格上。他们不愿意直接面对困难，总是夸大潜在的困难或可能的风险。他们总是在行动还没有开始时就认为行动一定会失败。回避型人格者一般心理素质较差，抗压能力较弱，因此一点点挫折就会带给他们带来沉重的打击，使他们变得更加消极、悲观。童年时期的生活环境也与他们的人格特点有关。例如，如果一个人在童年期经常遭受父母的拒绝和责备，他就会不信任父母。这会导致他回避所有的人际交往，封闭自己的内心。

自卑，害怕被批评

回避型人格者对别人的负面评价过度敏感，能力不足与自卑形成了一个恶性循环。阿德勒在《自卑与超越》一书中写道："自卑并不可怕，它是促进你前进的动力，但若一个人拥有过深的自卑感，它就会让你停滞不前，失去对生活的信心。"在亲密关系中，当回避型人格者难过、痛苦时，自卑的情绪会阻止他向对方寻求安慰。他害怕对方的批评与指责，也害怕寻求安慰的行为会影响自己在对方心中的形象。所以他的第一反应不是向身边人倾诉，或者做一些有趣的事转移自己的注意力，而是找个其他人看不到的地方"疗伤"。如果问题解决不了，那么就逃避吧，把这些伤害当成"秘密"藏起来。而这些伤害会慢慢累积，给内心造成更难治愈的创伤。

TA 的撒手锏——“冷战”

回避型人格者的撒手锏是“冷战”。在亲密关系中，一旦两个人发生冲突，并且冲突的强度超过了回避型人格者的心理预期，回避型人格者就会在情绪崩溃之前逃离斗争，以减少自己的情绪波动。他们会像鸵鸟一样想把自己的头埋进入沙子中。他们的这种处理方式在对方看来无疑是一种冷暴力。所以，当回避型人格者遇到挫折时，他们性格中的消极的一面就会显露出来。在外人看来，他们只是有点孤僻，只有他们的伴侣才知道那种“寒冷”的滋味。

回避型人格者之所以选择逃避，是因为争执与矛盾带来的负能量超过了他们的承受范围，他们回避的是痛苦、烦恼和压力。

爱上回避型人格者：
与头在沙中的鸵鸟相处

与回避型人格者相恋的最直接感受就是“力不从心”。他好像对你有着“一日不见，如隔三秋”式的情谊，但又总会把你拒于千里之外，让你无法靠近，感到沮丧、迷茫。回避型人格者不善于表达自己的情感，面对爱情时小心、谨慎。他们常常让伴侣感觉他们在故意制造距离。实际上，他们不是不爱，而是习惯通过保持距离来减少不必要的失望和恐慌。爱上回避型人格者的你会经常感受到一种分裂式的爱，这种爱使你疑惑，也使你疲惫。

一开始，他温柔体贴，他会迎合你的各种爱好，赞同你的各种观点。即使你觉得他还未完全对你敞开心扉，你也会安慰自己，日子久了，他就会把自己的内心完全展示给你。回避型人格者的内心有一扇不能示人的门——他认为自己是不完美的，是没有吸引力的，是不配得到爱的。为了和你在一起，他紧紧地锁住了这扇门，也锁住了真实的自己。他把自己打造成了一个“优秀”的人。而在这场恋爱里，你以为的情投意合其实是他掩瑕藏疾的结果。

随着相处的深入，你本以为他的心之门可以越敞越宽，可现实是他的内心越锁越紧。他开始拒绝与你沟通，无视你的不满。虽然他确实在你身边，但是这种缺乏沟通的爱仿佛是缺了调味料的汤，索然无味。你越来越孤独。你想牵手，他说自己难为情；你想拥抱，他说自己不舒服；你想接吻，他又找理由搪塞。你无法忍受琢磨不透的他，你找他谈心，他只说：“我本来就是这样的人。”你可能会怀疑自己是不是逼他逼得太紧，但又觉得自己的要求并不过分。到底是哪里出了问题？你辗转反侧，百思不得其解。

其实，他不是不爱你，而是不知道怎样爱你。他找不到亲密关心的关键点。他的内心坚信被隐藏起来的真实的自己不配得到你的爱，所以，当你不断地尝试走进他的内心时，他害怕不完美的自己被你发现。他认为，与其被你抛弃，不如在这一切发生前，自己先逃离。回避型人格者从未感受过完整的爱，所以他也不会爱他人。在恋爱中，他经常压抑自己的感情，不敢敞开心扉去体会喜怒哀乐。尤其是当感情出现问题时，他既不解决问题，也不寻求帮助，而是封闭自己的内心，一遍又一遍地麻痹自己，不允许自己敞开心扉。他在用这种方式逃避。回避型人格者对你的爱感到恐惧和不安。他渴望你的爱，却不敢不顾一切地爱你。爱情需要双方坦诚相见，但与回避型人格者相爱的你感受到的却是对方的若即若离。爱上回避型人格者的你感到痛苦、疲惫、无力。

理解 TA：
回避互动，害怕“被忽略”

回避型人格者对他人的意见非常敏感，因此他们倾向于与他人保持距离。但是，他们对自己信任的人又具有高度的依赖性。一部分回避型人格者是因为感情淡漠而对人际交往不感兴趣。另一部分回避型人格者是因为焦虑和对拒绝的恐惧而回避人际交往。这部分人的内心对感情有强烈的需求，他们对亲密关系有强烈的渴望，但又不愿意面对亲密关系中的挑战，例如，亲密关系中的冲突。面对冲突，他们会本能地逃避，这种退缩行为会进一步导致其处理人际关系的能力不足。倍感受挫的他们因此对批评更加敏感。

研究表明，父母的退缩行为，如得过且过、害怕冲突、处理冲突的技能不足，会对孩子的行为产生重要影响，使孩子将退缩行为当作自我保护的重要策略。另外，如果孩子的早期感情需求被忽视，孩子长期处于“隐形人”的状态，不被“看见”，那么这样的孩子在长大以后，会对被“看见”有强烈的需求。一旦他的意志被忽略，他就会变现出极端的愤怒（如果别人的愤怒反应是 3 分，那么他的愤怒反应可能是 9 分）。但是，他同样无法通过语言来表达自己的痛苦，他的表达方式就是实施冷暴力——不理你，忽略你。

回避型人格者不喜欢直接向周围的人表达自己的需求。一部分回避型人格者终其一生都没有叫过伴侣的名字，他们也很少关注对方今天穿了什么衣服，或者剪了什么新发型。他们似乎“看不见”对方，这就像是当年他们的妈妈对待他们的态度。他们的内心充满了对“被忽略”的愤怒，但是他们却在不自觉地“忽视”伴侣。在亲密关系中，他们的撒手锏是“冷战”。在亲密关系中，最伤人的做法就是将伴侣当作空气，不和对方说话，不给对方回应，好像对方根本不存在。

如何与回避型恋人相处：爱情是一种面对彼此的能力

回避型人格者通常害怕与他人近距离接触，喜欢活在自己的世界里。你是不是觉得你的恋人很少表露自己的情感？你是不是觉得你的恋人对你的态度不冷不热？这是因为他们没有足够的安全感，他们害怕全身心地投入一段感情。所以，他们在一开始就把自己保护得非常好，让自己一直在安全线以内徘徊，不向前一步。

他们之所以形成这样的人格特征，主要是因为他们在成长过程中得到的关爱不足，他们经常被批评，却很少得到赞美。这导致他们在长大后对自己的评价非常低，常常感到自卑，害怕被拒绝。如果你真的爱上了回避型人格的他，请多给他鼓励与支持，多赞美他，给他适应亲密的时间和空间，这样你们才能在爱情的道路上走得更远。

1. 看见他的爱

“你讲话好冷漠，好像我们不曾爱过一样。”

回避型人格者害怕被拒绝，一般不愿意把自己的真实想法直接告诉别人。你是不是觉得你的恋人有时候很冷漠，却希望你对他热情一点？恋人“漫不经心”的态度是不是让你很生气？你的热情是不是只换来他的面无表情？这是因为回避型人格者非常缺乏安全感，他不能确定你对他的爱。

如果你的恋人是回避型人格者，你要包容他的小脾气，试着理解他的真实想法。虽然在亲密关系中回避型人格者显得有些“冷漠”，但是这并不代表他不爱你，他只是不知道如何“正确地”爱一个人，也不知道如何接受别人的爱。他们即使有浓浓的爱意，也不知道如何将它表达出来。很多时候，回避型人格者会用自己的方式爱一个人，但是作为他的恋人的你却常常察觉不到。所以，你需要站在他的角度思考，细心地观察他表达爱的方式，慢慢地理解他的“冷漠”。

2. 鼓励他前进

“我都走了 99 步了，为什么他就不能向前走一步呢？”

回避型人格者对亲密关系“又怕又爱”，他们渴望得到别人的关爱，希望别人能主动靠近自己。但是他们的自卑导致他们认为没有人喜欢自己，也不会有人对自己付出真心。你有没有看到你的恋人的心里有一道防线？你有没有察觉他们很脆弱——遇到一点挫折就一蹶不振？他们不会轻易地允许别人进入自己的安全区域，他们害怕自己的脆弱被别人看到。当你的回避型恋人试着向你敞开心扉的时候，请不要选择转身离开。

在电影《绿皮书》中，托尼对唐说：“世界上，孤独的人都害怕踏出第一步。”你应该怎么鼓励他踏出第一步呢？循序渐进很关键。如果你邀请他参加一个 30 个人的聚会，而且这些人他都不认识，那么聚会中的他一定会手足无措。因此，你可以先邀请他和三五位彼此熟知的朋友一起去听一场音乐会。听完音乐会后，你们可以找个环境优雅的地方小酌一杯，谈谈彼此对音乐会的想法。

3. 支持他的需要

“若即若离的你比大海更让人难以捉摸。”

回避型人格者非常注重私人空间，强调亲密关系中的界限感。他有时候显得温暖而细心，有时候又显得独立又冷漠。作为他的伴侣的你是不是常常倍感折磨？你应该怎么做呢？

请先尊重他的需要，倾听他内心的声音。这非常重要。

4. 肯定他的价值

“蜗牛慢慢地爬，我在静静地等。”

恋爱中的回避型人格者更像是一只蜗牛。蜗牛有哪些特征呢？它们动作缓慢、迟疑；当外界环境发生变化时，蜗牛会在第一时间缩回自己的保护壳里。如果你的伴侣没有得到正向的反馈，他就会像蜗牛一样缩回自己的“壳”里。只有在确信自己不会被拒绝的情况下，他们才会战战兢兢地伸出自己的“触角”。

从心理学的角度来看，回避型人格者的最主要的特征是缺乏安全感，这也意味着他们对于伴侣的期待很高，对做出亲密行为却犹豫。回避型人格者往往自我认同感不足，觉得自己一无是处。在与对方相处时，你要谨记三个关键词：**相信、引导、肯定**。**相信**指你要相信他有足够的能力解决问题，你不需要扮演一个“拯救者”，他可以成为自己的“救世主”。**引导**指你不要主动行动，因为你的主动反而会使他退缩，你可以引导他掌握主动权。回避型人格者的内心住着一个“敏感的小孩”，有时候你要扮演引导者的角色，慢慢地走进他的内心，引导他表达自己的情感。在完成引导后，你要做的就是**肯定**对方，让他知道，别人并非十全十美，他也并非一无是处。当他有了足够的安全感后，他会跳出自己的保护罩。

假如你是回避型人格的刺猬

回避型人格者是一只自卑的、在关系中容易退缩的刺猬，这只刺猬总喜欢缩成一团。它渴望爱，却因为害怕被批评、被伤害而不敢轻易把柔软的部分露出来。它偶尔会抬起头来试探，一旦对方靠近，它就会立刻把自己蜷起来，用冷冰冰的刺对着对方。它想靠近却又忍不住逃离。

1. 进行积极的自我暗示

回避型的刺猬的自我价值感较低，甚至对外界的夸奖也持怀疑态度。这是因为你没有正确地认识自己。你必须从自我入手，理解和接纳自己，你需要看到自己的长处，也需要接纳自己的不完美。请告诉自己，你值得被好好对待，你值得被喜爱，你值得拥有所有的美好。

2. 弱化自己的负面感受

你要知道，想法未必是事实。在恋爱中，你高度敏感，这会使你过度地自我保护。当你认为对方在贬低你时，你一定要慢慢地弱化自己的负面感受，减少对世界的敌意。

3. 给自己一点勇气，尝试面对世界

请给自己一点勇气，慢慢地探出头，看看外面的世界。其实外面的世界并不像你想的那么可怕，你可能会看到恋人充满鼓励与爱的目光。尽管“探出头”的过程非常痛苦，但是这种痛苦会推着你做一些改变，你一定要鼓起勇气。

4. 两个回避型刺猬之间的爱情

双方的心动信号往往会随着对方的退缩和抗拒行为的出现而不断减弱，双方都喜欢彼此，却也都对这份关系缺乏信任。每当一方想靠近时，另一方就会躲避。最后恋情往往会不了了

之。对于回避型人格者来说，合适的伴侣就是问题解决型的、有包容度的成长型伴侣。稳定而温暖的恋人可以帮助回避型人格者学会面对问题。在伴侣的陪伴下，你会发现自己处理亲密关系的能力在逐渐提升。

电影推荐：《阿飞正传》

电影《阿飞正传》是王家卫导演的作品，于 1990 年上映。电影的男主人公叫旭仔（张国荣饰）。旭仔从未见过自己的生母，因此他把自己称作“无脚鸟”。他对自己遇到的每一名女性都表现得冷酷而放荡。售票员苏丽珍（张曼玉饰）和舞女咪咪（刘嘉玲饰）都曾给过他温暖，可是她们最终都被他抛弃了。为了摆脱心中的无力感，旭仔最终选择了抛下一切去菲律宾找寻生母。

在影片的一开始，旭仔出现在一家小店里。他对苏丽珍有好感，但她却无动于衷。旭仔对苏丽珍说：“16 日，4 月 16 日。1960 年 4 月 16 日下午 3 点前的一分钟，你和我在一起，因为你我会记住这一分钟。从现在开始我们就是朋友，这是事实，你改变不了，因为过去了，我明天会再来。”她无可救药地爱上了他。边界感极强的旭仔明明知道自己很喜欢对方，却很难突破自身的防御机制。他不相信自己能爱别人，更不相信自己值得被爱。苏丽珍问旭仔：“你会和我结婚吗？”旭仔却表示，他不是会结婚的那种人。这一回答让苏丽珍失望地离开了他。此刻，旭仔的内心可能有些不舍，但他没有挽留她，而是习惯性地把情绪埋在了心里。

因为一对耳环，他与舞女咪咪开始了一段感情。当咪咪把电话号码写给他的时候，旭仔并没有用心地记下来，而是把纸条扔在了一边，咪咪很生气说："你根本没有记住我的电话号码。"但旭仔却说："都写下来了，我还用得着记吗？"他还说："如果电话号码可以遗失，那人也可以遗失。"回避型人格者不会轻易将一段关系向更加亲密的方向推进。他们害怕被拒绝，因此往往表现得漫不经心。旭仔正是如此。

后来，苏丽珍又找到了旭仔，而旭仔却说："你回来干什么？我不适合你，我不是那种喜欢结婚的人。为什么要迁就我？你迁就得了一时，迁就不了一世，你和我在一起是不会快乐的。我这辈子不知道会喜欢多少个女人，不到最后我也不知道谁是我最喜欢的。"旭仔的内心非常没有安全感。他渴望被照顾、被关心，但是在接受对方的好意之后，他会产生极强的不适应感和焦虑感；他渴望亲密关系，却害怕陷入一段亲密关系中。他游走于不同的女人之间，最后发现自己渴望的温暖竟然那样可望而不可即。给予或者接受都让他惊恐。

旭仔终于从养母那里打听到了生母的信息。他只身一人来到菲律宾，找到了生母的住所，结果却令他大失所望——他的生母并没有出来见他。“我终于来到了自己妈妈的家里，但她不肯见我，那些工人说她已经不在这里了，当我离开这个家的时候，我知道我的身后有一双眼睛看着我，然而我是不会回头的。我只不过想看看她，看看她的样子。既然她不给我这个机会，我也不会给她这个机会。”这是旭仔此刻的内心独白。多年来，这是他唯一的希望，现在这份希望再也不能支撑他走下去了，他不能再靠这个借口欺骗自己了。

旭仔曾经说：“我听说过一种没有脚的鸟，他一生都在飞行，即使累了、困了，也只会睡在风中。它一生只会降落一次，那就是死亡来临的时候，未到最后我也不知道我最喜欢的女人是谁。”阿飞像无脚鸟一样，看起来自由又潇洒，但没有人知道他的孤单、他的眼泪。他周旋于一个又一个女人之间，像无脚鸟在风中休憩一样。

在影片的最后，旭仔在火车上被人用枪打死。超仔在最后一刻问了他一个问题：“你还记不记得，去年 4 月 16 日下午 3 点，你在干什么？”旭仔说：“她告诉你了，我永远都记得。”这只无脚鸟告诉我们，他真正深爱的女人只有一个，那就是苏丽珍，但他却始终没有承认。

第6章

依赖型人格的爱情

依赖型的刺猬既黏人又顺从，它与恋人紧紧相拥，牢牢地抓着对方。

案例：没有你，我一刻都活不下去

女主视角：我希望你是我的专属守护神

有人问小鱼她心中的完美爱情是什么。小鱼说："我的爱情当然是两个人天天待在一起，相互依赖。"而小鱼在爱情中也是这样做的。小鱼和男朋友小章已经交往两年了，她喜欢和自己的男朋友天天待在一起，喜欢事事依靠他，这让她感觉非常幸福。

小鱼对男朋友有多依赖呢？她每天都会问小章，自己今天穿什么样的衣服比较好，如果小章没有给出明确的建议，小鱼就会觉得不知所措；每次两个人外出吃饭，她都会让小章点菜，即使小章点的是自己不吃的菜，她也会为了维持彼此的感情故作开心地接受；每次两个人外出旅行，她都让小章决定目的地，小章想去哪里，小鱼就去哪里。小鱼觉得，自己只要不做决定就不用承担责任。一旦出现了什么问题，小章就是责任人。这样一来，小章就不会讨厌自己，而自己也不必因为没有得到赞许或遭受批评而难受。在外人的眼里，小鱼和小章是非常令人羡慕的一对。小鱼非常依赖小章，会尊重他的每一个决定，这满足了小章的控制欲与自尊心。小章开心地说："我们俩就是一条章鱼，谁也离不开谁。"

小鱼是一个非常害怕独处的女孩，她希望能时时刻刻待在小章的身边。两个人开始谈恋爱的时候身处两地。小鱼起床后的第一件事就是给小章发消息，如果小章哪次回复晚了，小鱼就会感到非常不安，并胡思乱想："小章是出什么意外了吗？最近我是不是哪里做得不够好？万一他要和我分手怎么办……"收到小章的回复后，小鱼会对小章说："你为什么不回复我？你不知道我很担心你吗？"

后来，小鱼为了离小章更近一点，也为了让自己更安心，辞掉了稳定的工作来到了小章的城市。她每天都会送小章出门，然后在家里等小章下班回家。如果小章回来得晚了，小鱼就会开启“电话轰击”。

在小鱼的心里，小章就是自己的专属守护神，他能够帮自己做好每一个决定，可以永远陪着自己，让自己不必忍受孤独和无助。

男主视角：甜蜜的负担

小章觉得他的女朋友小鱼越来越依赖他了。

两个人刚在一起的时候，小章觉得自己很享受这样的时光——女朋友什么事都听自己的，每天都按照自己的喜好打扮，这极大地满足了小章的自尊心。当时的小章认为，对方对自己的依赖是信任自己的表现。小章的朋友都非常羡慕他有这样一位小鸟依人的女朋友。

但是两个人在一起的时间久了，他发现小鱼的依赖好像成了自己的负担。小鱼好像时时刻刻都想“粘”着自己。两个人一起外出旅行的时候，所有事都需要小章操心。小章还发现，有时候明明自己犯了很明显的错误，小鱼竟然还是随声附和；她好像一刻都离不开自己，每当自己因为各种原因不能及时回复她的时候，她就会不停地打电话、发消息。小章感觉自己一点个人空间都没有，好像总在围着小鱼转。小鱼在和自己谈恋爱之后，好像完全放弃了属于她自己的社交活动，她把所有的注意力都放到了小章身上。小章想和小鱼谈谈，可是每当小章提到双方应该有自己的独立空间，有自己的社交圈的时候，小鱼就又哭又闹。

更让小章觉得压力倍增的是小鱼竟然辞掉了工作，来到自己所在的城市。她告诉小章说，她想和小章离得更近一点，好好地照顾小章。但是在两个人的相处中，一直都是小章在照顾小鱼。两个人住在一起后，矛盾更加突出了。小鱼总是“粘”着小章，小章多离开一秒，小鱼就会打电话“轰炸”。小章觉得自己好像是小鱼的贴身秘书，需要帮她安排好她每天要做的事，这让小章非常苦恼。两个人身处异地的时候，小章可以在下班后和同事一起去打球。现在他只能回家帮小鱼解决她遗留下来的“问题”与“麻烦”。其实小鱼的“问题”都是一些生活琐事，例如，买什么牌子的牙膏，床单是不是需要换，等等。

作为一个男生，小章确实希望自己能成为对方的依靠。但是小章觉得，这应该建立在彼此有独立的空间的前提下。他越来越受不了小鱼这样缠着自己了，这样的爱让小章觉得身心疲惫。

你越想靠近，他越会远离

当爱情来临时，我们都会因为对方对自己的信任和依赖而欣喜，这让我们产生了一种自己很重要的感觉。但是当对方的依赖突破了爱情的界限时，我们只会感到疲惫。真正的爱情应该是双方都拥有独立的人格，而不是一方过度依赖另一方。小鱼把小章当作感情的靠山，希望对方可以帮助自己做决定、承担责任、远离孤独。她可以为了这份依赖做许多不符合自己的意愿的事情，也可以在对方想改变这段令他辛苦的感情时，通过歇斯底里的哭闹使对方心软。这就是依赖型人格者，他们将自己的人生拴在恋人的身上，这最终只会令对方因不堪重负而远离。

依赖型人格的爱情图式：
你是我的主心骨

一方是依赖型人格的亲密关系是什么样子的呢？

依赖型恋人就像是寄居蟹，他们一生都在找可以栖身的“外壳”。我们知道孩子总是喜欢通过哭泣来吸引母亲的注意，而这也是依赖型恋人吸引爱人的注意力的方式。他们害怕被对方抛弃，但他们的过度依赖往往会给对方带来巨大的压力。亲密关系的终结对他们而言像是世界末日来临一样，他们感到自己的生活即将因为恋人的离去而分崩离析。

电视剧《都挺好》播出后，倪大红扮演的“作精老爸”苏大强令无数人印象深刻，而这个懦弱的父亲的形象也反映了依恋关系的缺失与重塑。苏大强一直过着被别人管着的生活：婚前的他被母亲管，婚后的他被老婆管。可是忽然间，他的老婆赵美兰死了！重要的依恋对象的去世使他的内心产生了巨大的丧失感，也让他“巨婴”的一面彻底暴露在儿女面前。他要跟着大儿子去美国养老，他想要有独立的书房、卧室带卫生间的大房子。他躺在地上向儿女耍赖：“我想喝手磨咖啡。”即便如此，苏大强认为他得到的爱仍然远远不够，直到保姆蔡根花出现。与赵美兰的跋扈不同，保姆蔡根花懂得仰慕和赞美苏大强。看到苏大强的无人欣赏的小诗，蔡根花赞叹道：“这诗太宝贵了！”蔡根花体贴、温柔，准备的饭菜精致、可口。这都和赵美兰的“虐待”形成了鲜明的对比。当蔡根花离去时，他甚至卖了房子打算和她一起生活！他甘愿被骗！因为这样的人生，才是他一直期待的。

电影《不一样的天空》中的吉尔伯特一家住在一个名为安多拉的偏远小镇上。17 年前，吉尔伯特的患有抑郁症的父亲突然上吊自杀。吉尔伯特的人生轨迹就此改变。母亲邦尼曾是镇上有名的美人，丈夫的离世让她沉浸在巨大的痛苦中无法自拔。她终日用食物填补内心的空洞，成了全镇最胖的女人和人们眼中的笑柄。17 年过去了，母亲的体重已经达到 270 千克，吉尔伯特和弟弟妹妹们必须每天将饭桌搬到她赖以支撑自己的沙发旁。她那硕大的身躯似乎在用更为直观的方式向人们宣告：“我走不动了！”母亲邦妮丧失了照顾自己的能力，需要她的孩子们照顾自己。“我病得很重，所以你们要以我为中心，不能离开我。”这是邦妮在潜意识中的行为动机之一。影片中，邦妮占据着客厅的沙发，这也象征着邦妮占据着整个家庭的中心，其他人都只能围着她转。与邦妮庞大的身躯相比，邦妮的心灵实在瘦弱得可怜。在弟弟阿尼 18 岁生日那天，他因爬上了小镇的发电塔而被接到了警局。邦妮为了救阿尼，第一次走出家门。她感受到了居民的冷嘲热讽，体会到了哥哥吉尔伯特的不易和他自卑的缘由。

依赖型人格的爱情写真：共生，无自我

我可以满足你对完美恋人的所有幻想

在亲密关系中，依赖型人格者往往会对你言听计从，并把你视作他的一切。他们总是从内而外地表现出一种“我很弱小，我很可怜”的感觉。他们把伴侣的喜怒哀乐当成唯一的风向标。当伴侣难过的时候，他们就跟着伤心；当伴侣开心的时候，即使他们自己心事重重，他们也会陪着伴侣大笑。他们像是依人的小鸟，似乎满足了恋爱中的人们对于“完美恋人”的所有想象。

有你替我做决定，我才心安

依赖型人格者常常认为别人比自己更优秀，因此会过分地顺从他人的意志，甚至要求伴侣干预并安排自己的生活。他们常常处在一种需要被人照顾的依赖模式中。他们害怕犯错，缺乏独立思考的意识，因此往往无法独自面对生活中的困难和挑战。即使是面对一些日常琐事，他们也无法做出决定。他们需要他人为其做决定，并承担相应的责任。

法国心理治疗师皮纳曾说："那些不做决断的人是在等别人替他们做决断。他们因此不用承担任何因选择失误而导致的责任。"依赖型人格者之所以过度依赖他人，往往是因为他们没有勇气承担后果。他们认为自己只要不做选择就可以逃避责任。

我的存在感源于你的爱

依赖型人格者的父母通常比较强势，控制欲强，喜欢替孩子做决定。久而久之，他们越来越依赖他人的安排与照顾。他们长大成人后会把对父母的依赖转向对恋人的依赖。"妈宝男"常说："我得问下我妈妈的意见。"具有依赖型人格的女士一旦遇到困难，第一个想到的也是父母。在依赖型人格者眼里，只有天天粘在一起才能证明双方对彼此的爱。他们缺乏独立做决定的能力，缺乏独立意识，一旦与对方失去联系，或者感受到对方的不耐烦，他们就会感到非常焦虑和痛苦。

依赖型人格者总是希望身边有爱人陪伴，爱情对他们来说是必需品，他们喜欢被保护、被呵护。

爱上依赖型人格者：你是这段感情的责任人

爱上依赖型人格者的你会感到疲惫不堪。这段感情好像一件易碎的瓷器，需要你提心吊胆地轻拿轻放。你稍有不慎，它就会变成一地碎片，这些碎片还有可能划伤你。一段成熟的爱情中不是没有依赖，但这种依赖要适度。依赖型人格者的爱就是“过度”的爱，他们过度依赖另一半的支持、照顾和保护，无法独立做决定，喜欢将自己的生活与对方的生活“捆绑”起来，他们对分离过度恐惧。他们的内心空虚而不安。他们的依赖往往会让另一半不堪重负。

爱情似乎有一种魔力，能带给人们欢乐。因此刚刚遇到一段爱情时，很多人都会有一种眩晕的感觉，自我在这种感觉中变得模糊不清。恋爱中的两个人如胶似漆，一起吃饭、散步，恨不得 24 小时都在一起。一开始，你会因为依赖型恋人对自己的依赖感到幸福，这时候的他就像一块甜甜的奶糖，尽管有些腻，但充斥整个口腔的甜仿佛奇妙的麻醉剂，麻醉了你的理性。对方的依赖给你带来了责任感和幸福感，对方成了你“甜蜜的负担”。

但随着恋爱的深入，你觉得这种依赖开始逐渐“变质”。他就像一个离不开充电宝的手机，而你就是那个充电宝，你需要随时满足他的心理需求，为他“充电”。几分钟的离开都会让他恐慌、焦虑。你们之间的界限越来越模糊。你必须保持 24 小时“在线”，你要花费大量时间和他聊天，还要接受他不定时“查岗”。这种亲密感已经不再像奶糖，而更像强力胶水——它让你无法抽身，用力撕扯只会让你疼痛。你开始感到无力、疲惫，甚至痛苦，你开始质疑这段感情。

你想结束这段感情，但又于心不忍。因为在这段关系中，你就是他的一切，他用各种方式告诉你，他不能没有你。由于你的犹豫，他对你的依赖程度逐渐加深；因为他缺乏自信，他对你的言语和行为越来越敏感。你随口说的一句话都会被他掰开、揉碎，他在字里行间寻找着你要离开的证据。在恋爱关系中，依赖型人格者不会想着如何让自己变得更优秀、更具吸引力，而是会选择通过捆绑和依赖来挽留对方。这样的感情让你疲惫不堪。

理解 TA：
独立决策的焦虑

依赖型人格者过度需要他人的支持、指导、照顾与保护，独立做决策会使他们感到焦虑。他们的内心有两个动机，一个是寻求社会支持的动机，即他们希望通过展示自己的弱小和无能来激发恋人的保护欲，从而获得支持，另一个是寻求社会赞许的动机，依赖型人格者的顺从满足了很多人对“完美恋人”的想象，他们可以借机收获价值感。他们也有两个核心信念：“自己很弱小”和“世界很危险”。

与此同时，他们对被抛弃极度恐惧，一旦他们的恐惧感被激发，他们就会从“顺从模式”转换到“攻击模式”。例如，如果对方不回复信息，他们就会不断地打电话。

心理学研究表明，过度保护型的家长会导致孩子缺乏充足的、有效的自我照料经验，从而产生较强的依赖心理。另外，幼儿时期的不良的依恋关系，以及个体的生命经验中的负面情感的积累，也会使个体形成依赖型人格。

如何与依赖型恋人相处：鼓励TA大胆向前

依赖型人格者最主要的特征是他们非常渴望得到别人的关爱，而且非常害怕被恋人抛弃，缺乏安全感。

所以，如果你爱上了依赖型人格的他，请适度地陪伴他，多给他鼓励，增强他的自我价值感。

1. 谁给了他依赖的底气

依赖型人格者一般自主性差、独立意识薄弱。他们在做决策之前喜欢参照别人的建议。在生活中，过度的帮助会让他们的依赖性更强。你的恋人是不是经常要求你帮他做一些他能够完成的事情？你在生活中是不是喜欢大包大揽？这种控制感和责任感会让依赖型人格者的独立意识越来越薄弱。你可以鼓励他独立完成一些事情，帮助他在一点一滴中积累价值感。例如，你的恋人在工作上遇到了困难，想请你帮他解决。你可以让他先和你说一下他的想法。在他说完之后，你可以鼓励他说："我认为你的想法非常好，你可以试着去做，我相信你可以做到。"不要像一个指挥官一样详细地告诉他做事的流程。如果你不给他独立思考的机会，他只会越来越依赖你。

2. 发展他的内在自信

我们总是希望生活一帆风顺，希望身边的人的行为如我们所愿。一旦我们发现情况和自己的预期不一样，我们就会努力地试着控制和改变。我们要关注当下，接纳现实，而不是尝试控制和改变现实。如果你有一个依赖型人格的恋人，你首先要坦然地接纳他。此外，你可以充分地挖掘他的优点。作为他的恋人，你可以给他提供机会，锻炼他的自主性，增强他的自信。你了解恋人真正喜欢的东西吗？依赖型人格者有时会为了满足他人的需求做出一些努力，却很少关注自己内心的想法。身为他的恋人，你可以试着观察他的"幕后中心"，了解他的兴趣、理想等。你会发现他也有独立做事的热情。每一个依赖型人格者都是“潜力股”。

在电视剧《我的前半生》中，罗子君是一位全职太太，生活安逸。她对她的丈夫陈俊生非常依赖。在陈俊生提出离婚时，罗子君非常难过。但是在后期的剧情中，她在经历了生活的打击后主动开始学习，最后成长为一名优秀的职场女性。其实，虽然依赖型人格者喜欢依赖他人，但是他们有着巨大的潜力。所以，在生活中，你可以不断地鼓励对方，让他找回自信。

3. 提升他的价值感

“天生我材必有用。”

失恋是痛苦的。但是依赖型人格者一旦失恋，就会产生被全世界抛弃的感觉，仿佛他们的整个世界都坍塌了。在生活中，依赖型人格者很难独立做决定，他们不相信自己的能力。种种表现都说明依赖型人格者极度缺乏价值感。

在生活中，你可以有意识地让他独立做决定，例如，穿哪件衣服，吃什么东西。刚开始，如果他无法准确地说出自己的想法，你可以换种问法，例如，“今天我们吃火锅还是吃烤肉呢？”“今天我穿这件黄色衣服，还是那件蓝色衣服？”你可以先给他一个选择的空间。如果他经过一段时间的练习后可以不假思索地说出自己的选择，那么你就可以将问题的难度提高了——“亲爱的，今天我们去哪里吃饭呀？”“我明天穿什么衣服好呢？”久而久之，他会养成自己做决定的习惯，慢慢地走出依赖的牢笼。

假如你是依赖型人格的刺猬

依赖型人格者是一只黏人且顺从的刺猬，这只刺猬想与恋人紧紧地拥抱在一起，想牢牢地抓住对方，却忘记了自己满身的刺会扎得对方生疼。

1. 调整自己的思维

依赖型刺猬总是忽略自己内心的真实需求，只在意别人的目光，以逃避自己应该承担的责任。这往往会使其能力受到限制，也会导致伴侣的压力倍增。所以，你首先要做的就是调整这种以他人为主的思维方式，关注自己的需求，承担自己应该承担的责任。你可以从一些小事着手，尝试自己做决定，天助自助者，你可以成为自己的“保护神”。

2. 克服自卑感，重建自信心

依赖型刺猬的自主意识不足以支撑一场“亲密有间”的爱情。你可以与伴侣共同回顾、觉察妨碍自己独立做决策的负面评价，重建认知结构。时常总结可以帮助你积累信心和成就感。在每一次完成成长的“小目标”后，你要毫不吝啬地夸奖自己。自我认同和自我鼓励会让你迈上人生的新台阶。

3. 培养说“不”的能力

你对伴侣的依赖可能源于你的顺从的思维习惯。这很可能导致伴侣以爱的名义滥用你的真心。所以，你要学着在做每件事之前都想想自己的心意。做自己不喜欢、不认可的事只会让自己受到伤害。你要尝试说“不”，这并不会让别人讨厌你，反而会让人更加尊重你。

4. 两个依赖型人格者的爱情

两个依赖型人格者相恋的可能性很小，因为双方都觉得自己是弱小而可怜的一方，双方一旦遇到问题就会互相推诿、互相指责。适合依赖型人格者的恋人应该是责任感比较强、具有“正能量”的人。他能够积极地承担责任，并帮助你解决一些问题。同时，他也会鼓励你学着依靠自已、摆脱依赖。

电视剧推荐：《都挺好》

电视剧《都挺好》由简川訸执导，于 2019 年开播。它讲述了表面上风光无限的苏家在苏母突然离世后，日渐分崩离析的故事。毫无主见却又很自私的苏父因为自己的生活问题，打破了兄妹三人——远在国外的大哥、国内的二哥和小妹——平静的生活。整部剧的灵魂人物苏家父亲苏大强在妻子离世后不断地对几个孩子提出过分的要求。对于自己的三个孩子，他表现出极度的依赖性。这一度让三个孩子之间矛盾重重，三个人苦不堪言。整部剧活灵活现地展现了“又好气又好笑”的家庭纠纷。

剧中的大哥苏明哲从小敦厚、老实、勤奋，在性格方面，他是最像苏大强的。他一直以“苏家当家人”自居，把一切问题都扛在肩上。就连苏大强的坏心情，他都认为是自己造成的，生怕有人指责他“不孝”。苏大强深知苏明哲会顺从自己，满足自己的所有要求，哪怕是无理的要求。苏母去世后，苏大强在第一时间通知了苏明哲。苏明哲回来后，苏大强躺在苏明哲的腿上（苏明哲坐在沙发上），显得极其悲伤。几天没洗澡的苏大强遭到苏明玉的嫌弃，苏明哲则说：“爸，晚上我帮你洗。”面对孝顺的苏明哲，苏大强顺势问道："我能去美国吗？"这句话充分体现了苏大强的人物特点。

在苏家，苏大强没有经济大权，也没有发言权，家中的大小事情无一不是妻子一人"拍板"。习惯了被妻子"管"着的苏大强在妻子去世后，一方面觉得自己自由了，另一方面又觉得自己没了依靠。面对精明强干的女儿和不争气的小儿子，他明白自己只能依赖对他百依百顺的苏明哲。

苏大强之所以形成了依赖型人格，一部分原因在于苏母的强势性格，一部分原因则在于苏明哲。作为家中长子，苏明哲从不会向父亲说"不"。阻止苏明哲说"不"的是他内心的恐惧感、责任感和罪恶感。他的忍让和包容也助长了苏大强对他的依赖。当苏大强向苏明哲表达自己的需求时，苏明哲总会尽量满足。为了安抚父亲，他瞒着妻子给苏大强办签证；一口答应独自出资给苏大强买房子……

苏大强长期生活在妻子的安排和照顾中，逐渐丧失了独立生活的勇气。在苏母离世后，他对生活的想法和规划略显病态。但亲情是割不断的，病情严重的苏大强最终和儿女们"和解"了，一家人各自安好。

第 7 章

边缘型人格的爱情

边缘型的刺猬柔软、易受伤，它的刺有时立着，有时收起，它经常被自己阴晴不定的情绪困扰。

案例：又爱又恨

戏里黄蓉，戏外阿翁

谈起翁美玲，我们就会想到她扮演的那个经典的角色——1983 年版的《射雕英雄传》中的黄蓉，这个角色被金庸先生誉为“心中的黄蓉”。翁美玲扮演的黄蓉，古怪精灵，俏皮可爱，十分经典。可惜的是，现实中的她并不像黄蓉一样，有深爱她的靖哥哥陪伴一生，而是早早地陨落了。

她在 26 岁时自杀身亡。遗书中只有一句“Darling, I love you”（亲爱的，我爱你）。

这句话让人不得不从感情方面思考翁美玲自杀的原因——她为情而死。

于是，她当时的男朋友汤镇业便成了众矢之的，他百口难辩，他完全不明白情侣间的普通的争吵为什么会变成终身的遗憾。

是“为情所困”还是“内心深处的渴求”

2013 年，翁美玲年少时期的男友罗泊建了一个关于翁美玲的网站，他告诉大家，自己曾与翁美玲交往过四五年，是翁美玲的初恋，也了解她的很多情况。翁美玲曾自杀多次，并且做过很多不符合常理的事。与翁美玲相处得越久，罗泊越觉得她是一个极度缺爱的女孩，她希望时时刻刻被关心、被爱护，对方稍不注意就会让她产生危险的念头。

为什么她会如此？从罗泊叙述的翁美玲的幼年经历中，我们或许能了解一二。

翁美玲是一个私生女，从小寄人篱下，不能拥有来自父母的正常而完整的爱，而且她常被人欺负，这些经历让她变得小心翼翼，她甚至觉得自己的存在是一个错误，她充满了卑微感与耻辱感。她感觉自己好像被这个世界抛弃了，感觉周围的所有人都对她充满了恶意与敌意，这些事情让她变得过分敏感。为了保护自己，她的内心长出了与世界对抗的长矛。

这让我想起了翁美玲在生前写的一段话：

“我始终觉得，这个世界仍欠缺一个贴心贴肺锡（粤语中的“疼爱”之意）我的人，而这个人也值得我为他掏出心肺，生死相许，永远厮守，一生一世互握着坚贞挚诚的手。

人世间，其实有许多东西值得我们拼命追寻，不过在我眼中，我企望、盼求的只有一件，就是真挚的爱情，一个为我而生，也教我为他而活的伴侣。”

翁美玲对爱情是有期盼的，她渴求这样一段爱情：双方在这段亲密关系中能够掏心掏肺，并且生死相随。对于感情上的不如意，如异地恋，她有自己极端的处理方式。异地恋其实是一种很常见的恋爱状态，却让翁美玲产生了强烈的被抛弃感，她无法忍受这种被人抛弃的感觉，选择以自残、自杀等极端的、自我伤害的行为应对。

错位的爱导致的悲哀

翁美玲终其一生都在寻找着属于她的“靖哥哥”。“靖哥哥”是什么样子的呢？他可以忍受蓉儿一次又一次的试探，可以在蓉儿一次又一次的“刁蛮”“任性”后仍把她放在心尖上。翁美玲与黄蓉一样缺爱、空虚，她被“被抛弃感”控制着，缺乏安全感。但遗憾的是，她没有遇到她的“靖哥哥”。其实，无论是在婚姻中，还是在恋爱关系中，亲密关系中的双方都应该处于一种平等的状态。当一方对另一方有了超出爱情之外的需求时，悲剧就会发生。

从翁美玲的故事中，我们可以发现，她是一个情感不稳定、极度害怕被抛弃、冲动、易怒的人，她对自我的认知完全取决于与他人的亲密关系。在感情中，她无法保持理性，面对感情中的挫折，她习惯用猜忌、偏激、歇斯底里，甚至自我伤害解决。为了感情，她曾几度自杀，最终走上了不归路。

这是典型的边缘型人格在亲密关系中的表现。

边缘型人格的爱情图式：爱恨一瞬间

那么，在亲密关系中，其中一方是边缘型人格者会对这段关系产生什么影响呢？或者说，一方是边缘型人格者的亲密关系是什么样子的呢？其实我们从翁美玲的例子中已经能了解一二了：在与翁美玲的相处中，她的每一任男朋友都觉得很辛苦，因为她情绪多变，而且比较极端，一旦有不顺心的事情，就会做出自我伤害的行为。她对恋人极度依赖，无法忍受对方对自己的忽视，点滴的冷落就会使她产生被抛弃感。所以在边缘型人格者的感情世界中，另一半需要对其有充分的理解与包容。

有人形容有一个边缘型人格的恋人的感觉如同得了“情绪性血友病”，会经常体会“瞬间天堂，瞬间地狱”的感觉。他们的情绪缺乏稳定性，前一秒他们还与恋人亲密无间，顷刻间又进入自我嫌弃中。他们似乎缺乏情绪稳定剂，也没有情绪缓冲带，他们的“储爱槽”常常是空的。在亲密关系中，边缘型人格者既会飞蛾扑火般地为爱焚烧自己，也会不顾一切地逃离爱情，甚至会无法克制地做出一系列冲动性的、自我毁灭性的行为，如疯狂购物、自我伤害。他们做的这一切都是为了获得恋人的爱与关注，他们活在自己的感觉中，恋人的爱与关注才能让他们感受自己的存在。所以，尽管他们会不断地在感情生活中受伤，他们依然会迫不及待地进入下一段亲密关系。虽然他们也知道这段亲密关系可能危机四伏，但他们仍然义无反顾。

电影《致命诱惑》中的艾利克斯就有边缘型人格倾向。就像电影的名字那样，艾利克斯是一名非常有魅力的女性，她的每一个眼神、每一个动作都会让异性深深地陷入其中，无法自拔。男主人公丹也是如此，已婚的他没有逃脱艾利克斯的魅力，与艾利克斯发生了关系。然而，真正沉沦的却是艾利克斯，原因仅仅是艾利克斯所说的：“我自杀失败后，很多男人都会一走了之，但你却留下来照顾我，陪了我一整夜。那肯定是有原因的。”作为律师的理智以及对于家庭的内疚让丹决定不再与这位美丽的女性纠缠下去，但艾利克斯却不愿意放弃与丹的这段关系，因为艾利克斯充满空虚感，一旦开始一段亲密关系就会全身心地投入，甚至会为了维持这段关系而做出许多偏执的事情。于是，艾利克斯为了让丹回到自己身边，想方设法寻求对方的关注：她以死相逼，她不断地给丹打电话、追踪他，她欺骗他说自己怀孕了。这种骚扰最后发展成入室犯罪，她甚至想杀死丹的妻子贝斯。

艾利克斯的边缘型人格的最明显表现就是：即使爱到死，我也不可以被抛弃。边缘型人格者通常有自我认同障碍，他们需要借助别人的存在来认可自己的价值，找到自己存在的感觉。所以他们一旦感觉他人有抛弃自己的意向就会变得极度愤怒与不安，就会产生一系列过激的行为。尽管艾利克斯知道对方有家庭，她并没有放弃，她只想牢牢地抓住对方，并尽自己所能地做自己认为能够留住对方的事情。在边缘型人格者的心中，孤独比虐待更恐怖。

就像艾利克斯一样，想要借助亲密关系填满自己的空虚，是边缘型人格者与伴侣之间的关系的最佳写照。他们想在亲密关系中证明自己的价值，他们时常放纵自己，将自己与对方连成一线，将自己与他人混淆，并把重要他人视为自己的救世主。

他们对待伴侣如同即将溺水的人面对一根浮木一般——急切地想抓牢。在亲密关系中，边缘型人格者的内心并无自己的情感地图，但又热切地盼望感情，而且边缘型人格者还自带吸引力。他们很难判断自己与他人的心理距离，为探索彼此相爱的感觉，他们反复无常——从小鸟依人到疯狂控制，从满怀感激到愤怒失控。因为怕被抛弃，他们紧紧地抓住恋人不放，要求恋人如同自己身体内的细胞一样时刻与自己同在；但他们又害怕被吞没，既渴望亲密，又害怕亲密，不断地陷入迷茫，最终他们会排斥那个真心爱他的人。在恋爱中，他们既有强烈的吸引力，又常常“作”到让人无法与之相处。

边缘型人格的爱情写真：
阴晴不定的爱人心

“只有随叫随到，才能证明你爱我”

边缘型人格者渴望爱情正如人需要空气一样，爱情是他们心中的光，一旦爱情降临，他们的世界将瞬间变得熠熠生辉，因此他们特别想把爱紧紧地攥在手中，一刻也不想与爱人分离。如果对方因为忙而没有及时接听手机，他们敏感的内心会被瞬间击溃。就像婴儿无法区分母亲的暂时离开和消失一样，边缘型人格者经常把暂时经历的孤独当成永远的与世隔绝。结果是，他们由于假想被恋人抛弃，变得无比沮丧，因为他们基本的满足感和安全感被剥夺了。“完了，他不接我电话，他一定是不爱我了，嫌弃我了。”这个声音会一次次地在他们的内心响起，被抛弃的感觉会迅速出现，转而成为排山倒海的情绪。

他们一方面愿意融入亲密关系，渴望被照顾，另一方面又担心被爱淹没。他们既渴望接近，又害怕失去。在亲密关系中，这些内心的感觉会戏剧性地表现为激烈的、反复无常的、充满操纵性的行为。他们常常会对他人提出不切实际的要求，看起来像是被宠坏了。在亲密关系中，他们总是抱怨身体不舒服，总是表现出软弱和无助，还会出现挑衅行为和受虐行为。自杀威胁或姿态经常被他们用来博得另一半的关注和救助。

意中人总在下一站等候

边缘型人格者的内心遵从着“你爱我，我就活着”的思想，他们看起来是因爱而活，其实内心充满了对孤独与独处的深深恐惧，对他们而言，摆脱孤独的捷径就是恋人的陪伴。因此，他们总是在没完没了地寻找意中人，希望能找到那位“完美”的、真的爱自己的恋人。正如翁美玲所言：“我始终觉得，这个世界仍欠缺一个贴心贴肺锡（粤语中的“疼爱”之意）我的人。”翁美玲一直在寻找，但是这样的恋人真的存在吗？边缘型人格者通常在年少时没有得到过充分的照顾与保护，长大后，其自我意识通常会依附于爱人。当他们回望过去时，他们的内心一片空虚。孤独让他们回忆起小时候对被父母遗弃的恐惧："谁来照顾我？"孤独的痛苦只能通过一个臆想的爱人来缓解。

边缘型人格者缺乏持续的、内在的自我认同感，他们会带给恋人激情、美好与惊喜，令恋人每天都生活在甜蜜与幸福之中。但他们的内在自我不稳定，在亲密关系中，边缘型人格者可能会从反方向寻找满足感——他们频繁地更换恋人。恋爱中的边缘型人格者可能会不断地变更角色——从"狂热者"到"倦怠者"，从"聪明人"到"怪人"，从而获得一种归属感和被接纳感。

燃烧的愤怒

与边缘型人格者建立亲密关系并非易事，愤怒和情感不稳定是边缘型人格者最常见的状态。他们的暴怒难以预测。他们排山倒海的狂怒也许仅仅是因为对方没有及时洗碗这种日常生活中的小事。关系好的时候，他们一副小鸟依人的模样，但转眼间他们就有可能扔盘子、摔碗。他们的愤怒会指向最亲密的人——恋人、子女、父母，甚至自己，例如，《被嫌弃的松子的一生》中的小野寺想独吞收益，愤怒、绝望的松子杀害了小野寺，这都是亲密关系中的不适当的、难以控制的愤怒导致的后果。

强烈的情绪体验

恋爱中的边缘型人格者的情绪如同过山车一般。边缘型人格者会出现突然的情绪变化，他们的情绪深受恋人的态度的影响，要么过度活跃、无法控制，要么过度悲观、愤世嫉俗。幸福来得太突然，沮丧也来得如此突然，“上天入地”的体验往往让恋人不知所措。例如，情人节那天，李给爱人乔买了好看的蓝色妖姬，乔喜出望外，抱着爱人狂吻。正当李沉浸在被爱人接纳的喜悦中时，乔又突然问：“这一把花得花多少钱？！你真以为自己是富豪吗？你把自己当谁了？”李吃惊地坐在那里，乔这疾风骤雨般的情绪转换让李目瞪口呆。

不时袭来的空虚感

边缘型人格者通常会经历一种痛苦的空虚感，这种空虚感使他们一直在寻找填补“空洞”的方法，边缘型人格者通过寻求亲密关系来逃避空虚感。他们还常常会体验一种存在性焦虑。

这种状态可以辐射至边缘型人格者的许多其他特征。稳定的自我意识不能建立在一个空壳里。而情绪的不稳定可能是由孤独感引起的。沮丧和空虚的感觉经常相互强化。

爱上边缘型人格者：冰火两重天

被边缘型人格者爱上是一种什么感觉？一位边缘型人格者的伴侣这么说："我们的爱情一会儿跌入地狱，一会儿直升云端，一半是烈焰，一半是冰山。"在被爱上的那一刻，你会感觉自己幸福得要飞到天上去，那种纯粹、唯美、真挚、热烈的爱带给人的精神体验令人难以忘怀，你被对方百分百地接纳与包容。然而，随着亲密关系的深入，这种令人窒息的爱往往伴随着猜忌、冲动、冲突，甚至绝望，让人无法获得片刻的安宁。

边缘型人格者都极具才华，被边缘型人格者吸引的人往往是聪明的、有责任感的，并且能够接住他们的情绪的人。边缘型人格者随时散发着一种迷人却有点危险的气息，这对很多人来说是很有吸引力的。他们在“正常”的时候会表现得比常人更加阳光、更加有活力、更加亲切。电影中的很多富有魅力的角色都带有边缘型人格的特质。这些特质并非一无是处。我们每个人都或多或少地有一些边缘型特质，或者在某些边缘型特征上得分偏高，例如，“有冲劲”，拥有快速地吸引他人并建立关系的能力，这也许会在生活中帮到我们。存在一些诸如“敢爱敢恨”和“放纵不羁”的边缘型特质可能会令一个人显得更可爱、更真实。毕竟，真性情是很吸引人的。

与一个边缘型人格者的爱情，往往是两个人的人格相互吸引的结果，而且彼此之间的吸引力往往来自人格中的那些相似的或相反的特质。自恋型人格者与边缘型人格者在恋爱中的投射与防御机制相似，因此这两种人极易相互吸引。

边缘型人格者大多拥有极高的智商，具有极高的包容性和给予爱的能力，因此他们往往容易吸引优秀的人。在恋爱之初，他们往往有着极强的吸引力，很容易与人建立亲密关系，只是随着亲密关系的深入，这类人格的不稳定的特点会慢慢浮出水面。他们想牢牢地抓紧对方的手，深深地担心自己会被抛弃，并且这种感觉会随着他们进入深层次的亲密关系而愈发强烈，其表现是他们往往会对对方产生很强的控制欲。为了时时刻刻抓住对方的心，他们甚至会采取自残的极端手段。因此在恋爱中他们往往“冰火两重天”——前一秒对你热情似火，后一秒与你形同陌路。你会产生至爱或至恨的极端感觉。

既爱又恨，恰恰是这类人的爱情标签，与边缘型人格者恋爱的体验是极致的——至真、至纯、至美，也极具毁灭性。

理解 TA：
严重缺乏安全感

边缘型人格往往与早年的创伤性经历有关，例如，被抛弃、被虐待、被忽视、遭遇家暴、遭遇性侵等典型的逆境经历（adverse experience），多数边缘型人格者在童年都经历过与家人或主要照顾者的分离。在本应该与父母建立依恋关系的阶段，他们体验到的是孤独和被忽视，这让他们对于“被抛弃”产生了深入骨髓的恐惧。为了避免再次经历孤独，他们在长大之后，愿意付出常人难以想象的代价，因此，给他们足够的安全感是最重要的。

边缘型人格者渴望爱情，但缺乏爱的能力，往往会为了获得对方的爱而不惜一切代价。他们对恋人满心不舍，却表现得满不在乎。他们的行为与内心真实的声音往往是脱节的，在爱人的臂弯中孤独往往是边缘型人格者的恋爱常态。

边缘型人格者的童年经历往往有些特别，例如，在童年期经历过重要亲人的死亡；在童年期曾主动或被动地介入父母的关系（如在离婚拉锯战中成为夫妻争夺的筹码，被要求在父母中做出选择）；在童年期遭受身体上的虐待或者心理上的忽视；面对情绪极不稳定的抚养人。

在电影《被嫌弃的松子的一生》中，松子在小时候没有得到过父亲的关爱，她成年后交往的几任男友（包括街头混混、有妇之夫等）都像父亲一样，不能给她真正的爱。他们虐待她，背叛她，抛弃她，让她失落。她总是寄希望于下一段亲密关系，希望下一任男友能为她带来安全感，却一次又一次地在关系中验证着来自父亲的拒绝和疏离。

边缘型人格者往往会展示出无比迷人的性魅力，这让恋人无法自拔。但他们的亲密关系通常以周或月为单位，并且充满动荡、愤怒与惊讶。

如何与边缘型恋人相处：
让他感受你的爱

与边缘型人格者相恋，注定是一段探险之旅。然而，爱本身具有疗愈功能。足够的耐心、强大的包容力、充足的理解力能给边缘型恋人带来一个好的精神环境，它能包容他的不稳定性，弥补他童年的缺失，提高他的心智能力，对他产生疗愈作用。要在与迷人又聪慧的边缘型恋人的相处中做到安之若素，你可以从以下几点着手。

1. 管理好自己的情绪

不要激惹边缘型人格者，在发现即将“擦枪走火”时，要先按下暂停键——注意自己的身体姿势，保持微笑，辨认情绪激惹事件，并进一步求证。此刻你需要的是有用、有效、有度的处理方式，因此管理好自己的情绪尤为重要。

你可以对事件做一些分析，回想一下，自己是什么时候开始情绪化的，诱因是什么；你们习惯的沟通方式是什么，你现在可以做些什么；情绪的触发按钮是什么，是否存在一个特殊的事件或特殊的时间点；双方的情绪爆发之后又发生了什么；你是否改变了自己的行为；你所爱的人是否改变了自己的行为；你是在用行为管理情绪，还是在用情绪管理行为。

2. 安顿情绪，缓缓求证

明确你所爱的人的处境，包括其情感、想法及行为，然后学习安抚他的情绪。因为他就像个“情绪万花筒”，所以你要成为“情绪消化器”，而不是“火药筒”。当你们之间的沟通导致他的负面情绪开始累积时，你就需要停下来，再次进行求证——“我理解你为什么因这件事情生气”“不会那么糟糕”“好吧，我们共同停下来，捋一捋发生了什么”。

切记不要验证无效的信息，例如，“好吧，我知道你只是控制不住情绪。”

当你有疑问时，请用询问代替直接的表述，例如，“可以吗？”“你觉得我们应该怎么做呢？”不要说：“你应该……”边缘型人格者反感别人告诉他自己应该怎么做，因为他在过往的经历中一直被告知自己的感受、想法与行为都是错的。

3. 先给予安抚，再讨论事件

边缘型人格者陷入情绪之中时，很难处理当下的冲突。因此，你可以先给对方一个温暖的拥抱。等恋人的情绪稳定后，你们再认真地评估事件。

发生了什么事？

情况是从什么时候开始出现的？

你们分别是如何看待这个问题的？

你们分别希望得到一个什么样的结果？

注意，所有的讨论都应该是积极的、有建设性的。

当他走出情绪的旋涡，大家可以理性讨论时，你可以和他一起列出解决办法的清单，选择最优选项，预估可能出现的问题，推动解决方案的实施。

4. 找到情感中彼此的位置

与边缘型人格者恋爱会使你产生极端的疲惫感和极端的幸福感。你应该如何将这种“上天入地”式的恋情引回正轨呢？最核心的一点是你需要给予边缘型人格者更多的心理支持、心理抚慰，以及对他的行为的肯定。你需要做到温暖又不失边界。这样，边缘型人格者才能在温柔的注视中获得安全感。一旦你们找到彼此的位置，相处自然会变得顺畅。情绪的河流平稳了，恋情自然会日渐稳定。当然，这需要时间，也需要爱的智慧。

假如你是边缘型人格的刺猬

边缘型人格者是一只柔软的、易受伤的刺猬，这只刺猬的刺有时立着，有时收起，它经常在阴晴不定的冰火两重天徘徊，而它自己也会被自己难以控制的情绪困扰。当遇到知心爱人时，内心柔软且极缺乏安全感的刺猬会将最柔软的部分直接暴露在另一半面前。

1. 把握亲密关系中的节奏

切记谨慎进入，把握节奏，忌不问水深，一头扎进。你特别容易一头扎进对方温柔的怀抱，以为自己赢得了全世界。其实，你只不过是遇到了正常的恋情。给自己些时间思考，你爱上的是对方的哪一点；在恋爱中，你想获得什么；在恋爱中，你的恐惧是什么。有了这些自我探索，你会慢慢发现自己在情感中缺失的部分。

2. 在亲密关系中学习按下“暂停键”

边缘型人格者极易陷入“恋爱脑”。爱情像一面镜子，人在亲密关系中展示的往往是最真实的，甚至略显匮乏的自己，因而边缘型人格者容易陷入“缠人”与“变化无常”的循环之中。这个时候，请先按下“暂停键”，告诉自己：“是时候让自己停下来了，要用大脑思考。”想一想自己在这段关系中获得了什么，又失去了什么。因为随着亲密关系进入“深水区”，边缘型人格者会有既怕被水淹又享受水的照拂的感觉，这种既爱又恨的感觉会令边缘型人格者难以自拔，也会令恋人在亲密关系中有窒息感。

3. 与内心进行对话

你要慢慢地在亲密关系中学习管理自己的情绪，学会先处理情绪，再处理情感，改掉带着情绪要挟恋人、以爱的名义捆绑恋人的问题行为，因为这会让恋人感觉其遭到了“情感勒索”。你需要学习接纳自己，同时给爱人松绑，允许“亲密有间”的关系存在。

4. 两个边缘型人格者的爱情

两个边缘型人格者的恋情往往是“有毒”的，双方会“相爱相杀”。合适的恋人应该有与你相似的成长与生活背景，而且对你熟悉，认可你、理解你、接纳你。伴着理解、包容和共同成长，边缘型人格者会逐渐建立足够的安全感，这段感情也会变得稳定而安宁，边缘型人格者也会不再“边缘”。稳定而细致的爱使边缘型人格者的内心安静而有力量。在爱的滋养中，边缘型人格者脸上的笑容会越来越灿烂！

电影推荐：《被嫌弃的松子的一生》

电影《被嫌弃的松子的一生》于 2006 年上映，由日本知名导演中岛哲也执导，女主人公川尻松子由演员中谷美纪饰演，该电影以川尻松子的五段惨淡收尾的爱情故事为主线，讲述了她悲剧的一生。

故事以松子的外甥阿笙的视角铺开。在整理被杀害的姑姑松子的遗物时，阿笙得知松子给邻居留下的印象极差，邻居甚至用“公寓的臭虫”形容松子。从出租屋外的小黑板上的混乱的涂鸦上，阿笙依稀看出了“对不起”“生而为人，我很抱歉”的字样，这让阿笙疑惑不已。一同前来调查案件的警官，与阿笙聊起了他了解的松子的过往。那时的松子是一位音乐老师，十分受学生们喜爱。影响松子整个人生的一件事是松子的学生龙洋一（以下简称阿龙）盗窃小卖铺老板的钱财。松子却被阴差阳错地认定为盗窃犯，随即被学校辞退。那一次，松子的脑海中出现了一句话：“我觉得我的人生完了。”

松子的边缘型人格也与她幼时的经历有关。为了讨父亲喜欢，松子选择了父亲想让她上的学校，从事了父亲想让她从事的职业，努力地变成父亲心中的理想女儿。然而，父亲仍然在给穿着和服的松子拍照的时候，下意识地提起“想念久美（松子的妹妹）穿和服的样子”。松子从前能通过做鬼脸逗父亲开心，现在她做鬼脸时却被父亲斥责“不正经”。失落的松子，终于在一次家庭聚会中当场向久美表露心声，说完“你一点儿都不可怜”的话后，她随即离开了这个后来再也没回来过的家。

离家之后的松子，随即开启了五段情感。

才华横溢的作家八女川彻，是松子的第一段情感的主角。成为浴池女郎的松子在回到简陋的居所后时常被八女川彻暴力对待。尽管如此，松子还是将弟弟给的最后一点钱交给了八女川彻。面对松子炽烈的爱，八女川彻并不能坦然接受。终于，在一个雨夜，八女川彻走向火车，自杀了。那一瞬间，松子的脑海里浮现出一句话：“那一瞬间，我觉得我的人生完了。”

冈也健夫是松子的第二个情感寄托对象，也是八女川彻的死对头。松子选择成为他的情人。再次对生活燃起希望的松子重新唱起了欢快的歌，然而，当松子说想成为冈也健夫的夫人时，冈也健夫撕掉了面具，他表示他是为了消除八女川彻带给他的自卑感才选择和松子在一起的。最后一封信中的钱，仿佛是对松子的嘲笑，而松子也在三声“为什么”中结束了这段感情。

和小野寺一起投机赚钱，是松子的第三段情感经历。在撞破小野寺和其他女人厮混后，松子想要回自己应得的那部分钱，却得知钱早已被小野寺私吞，情绪崩溃的松子一怒之下杀了小野寺。在那一瞬间，松子的脑海里再次出现了那句话：“那一瞬间，我觉得这回我的人生真的完了。”

和理发师岛津贤治的偶遇，让松子重新燃起了对生活的希望，这是她的第四段情感经历。岛津贤治的深情表白让松子再次唱起了欢快的歌。尽管后来她被捕入狱，但在出狱后她仍然选择了去找岛津贤治。然而，岛津贤治早已娶妻生子。电影配乐的歌词“我会坚持生活，爱就是生命”恰如其分，仿佛是松子最后的倔强。

后来，命运让松子偶遇了她的悲惨生活的始作俑者阿龙，这是松子的情感绝响。在这段感情中，松子最后一次选择了付出一切，她甚至告诉自己：“龙洋一才是我的全部，只有龙洋一才是我的生存之道。”然而，阿龙觉得松子对自己的爱情过于耀眼，恐惧的阿龙在出狱时将松子打翻在地逃跑了。自此，松子开始封闭自我。

被五段悲惨的情感经历折磨后的松子仍然思念家乡。她在一条小河旁租房定居了，这条小河与松子的家乡的那条名为荒川的河很相似。沉浸在痛苦回忆中的她选择了逃避现实，甚至在遇到真心待她的好友泽村惠时，她慌忙逃离了。她躺在宛如垃圾场的房间里，眼前浮现出了妹妹久美的样子。生活或许对松子尤为不公——她在找寻泽村惠塞给自己的名片，并且希望重新拾起生活时，遇到了一群小混混，在棍棒中，她的一生结束了。

松子被龙洋一视为他的上帝，也获得了阿笙的认可，他认为姑姑这个“上帝”值得信奉。在她的一生中有三段真挚的感情，一是父亲对她的爱，二是妹妹久美对她的爱，三是好友泽村惠对她的爱。然而，这三段足以温暖她一生的感情却并未被她牢牢抓住，她选择了五段不值得付出的虚幻爱情。在电影的最后，松子在一生中遇到的所有人都唱起了她爱唱的歌，这仿佛是生活对松子最后的慰藉。

第 8 章

抑郁型人格的爱情

抑郁型的刺猬独特且迷人，它身上的刺令人目眩，让它与众不同。

案例：一段充满担忧与焦虑的感情

女主视角：我像爱自己一样爱你

姚姚和男朋友浩宁是在一次相亲中认识的，浩宁性格开朗，外表帅气，面对总是沉默的姚姚也能侃侃而谈。姚姚觉得和他在一起非常舒服，那种感觉就像一直待在小黑屋里的自己，突然看到了一束光。他应该是来带着自己走向光明的，第一次相亲后，姚姚这样想。

之后每次见面，姚姚都会小心翼翼地与浩宁相处，害怕自己会因为做错事情惹得浩宁不满，然后和自己分手。例如，她可以委屈自己满足浩宁的一切需求。两人一起出去玩的时候，只要浩宁提出建议，姚姚都会改变自己之前的想法，顺着浩宁。她无时无刻不在观察着浩宁的脸色，如果浩宁变得不开心或走神儿了，姚姚就会自责："是我做错了什么吗？""是我让他丢脸了吗？""如果我刚刚主动一点，他会不会就不生气了？"两个人见面的次数越来越多，姚姚也变得越来越敏感，浩宁不经意的举动就会让姚姚的心受伤。有一次，姚姚在浩宁公司的楼下等他下班，但浩宁因为工作太忙而忘记了和姚姚的约会，姚姚就陷入了悲观的情绪中："是不是我不够好，所以他不要我了？""是不是我太木讷了，所以他不想和我谈恋爱了？"然后，她一个人蹲坐在一棵树下，把头深深地埋在双腿间，产生了一种被抛弃的感觉。

经过这次事后，姚姚对浩宁变得更加温柔、体贴了。她开始努力地了解更多的关于浩宁的事情，然后一心一意地为对方考虑，甚至在日常的相处中，让自己和浩宁越来越像，这样她就可以第一时间感知到浩宁在想什么了。姚姚为浩宁放弃了自己的喜好，浩宁可以想做什么就做什么，姚姚不会有任何意见，都会微笑着说“好”。虽然在外人看来，姚姚真的非常文静和善解人意，但是只有姚姚知道自己心里有多么不安。她知道自己这样做有问题，但是由于害怕浩宁会厌烦自己，她要求自己无言地顺从。在她的内心深处一直有一种声音：“你不能被抛弃，所以你要像爱自己一样爱浩宁。”

两个人越亲密，姚姚就越患得患失。浩宁就像她生命中唯一的一道光，她害怕失去他。有时候姚姚会想，如果他们两个人没有遇见就好了。如果她没有见过光，她就不会知道光明多么好，也不会总是担心浩宁会发现自己并没有他想象中的那么美好，也不会害怕自己被抛弃。

男主视角：我感觉自己是个“渣男”

浩宁很喜欢姚姚，虽然两个人是通过相亲认识的，但是这并不影响他们之间的感情。在他的心中，姚姚是一个非常文静的女孩，每当自己和她聊天的时候，她都会柔声细语地回答：“好。”她非常体贴。但是，相处的时间久了，浩宁发现姚姚是一个内心不快乐的人，这让他产生了疑问：姚姚真的爱她自己吗？

浩宁记得姚姚有一次在他公司的楼下等他下班，当时自己因为工作太忙错过了她发的消息，等看到姚姚发来的消息时已经晚上11点了，浩宁觉得不放心，于是准备去看看姚姚。他刚走出公司大门就看到了抱着膝盖蹲坐在地上的姚姚，她看起来非常无助，这让浩宁感觉很心疼却又不知所措。浩宁立刻跑到姚姚身边，问她为什么不给自己打电话，姚姚略带胆怯地小声回答说："我怕打扰你工作。"那一刻，浩宁的情绪很复杂，他既心疼姚姚，为自己的粗心感到内疚与自责，又对姚姚的回答感到无奈，还有一点生气，想要说姚姚几句。但是，看到姚姚的柔弱，他又不敢说，突然觉得心好累。

其实这不是第一次了，两个人确定恋爱关系后，在第一次给姚姚过生日时，浩宁想好好庆祝一下，于是问姚姚有什么愿望，姚姚说自己没有什么特别的愿望，只要浩宁开心她就开心。当时浩宁觉得很感动，于是他问了好多人的意见，打算在她生日那天给她一个惊喜。到了姚姚生日那天，姚姚起初的确很开心。但这并没有持续很长时间，浩宁发现姚姚好像在强颜欢笑。生日庆祝活动结束后，姚姚好像很失落，甚至有点魂不守舍，脸色苍白。浩宁问她怎么了，是不是身体不舒服，姚姚只是笑着摇摇头。后来浩宁了解到，那天姚姚处于生理期，她感觉特别难受。这让浩宁感觉自己好像在关键时刻没有做好，平时一直都是姚姚在照顾自己，他难得有机会为姚姚做点事，却没有弄清楚状况。他也有点埋怨姚姚在她这么难受的时候却不和他说。

在两个人的交往中，姚姚一直为浩宁着想，面面俱到；她的文静与沉默总是会激发浩宁的保护欲。但是浩宁总觉得不太对劲。为什么每次姚姚都会为了顺着他而改变她自己的想法？为什么她不敢对自己提要求？为什么在两人相处的过程中她总是情绪很低落？和姚姚在一起的时间越长，浩宁越觉得心累，越觉得自己是一个“渣男”。

辛苦的相处

姚姚总是在害怕失去，却忘记了自己并没有被抛弃，她的感伤其实是担忧与焦虑的表现。她非常敏感，对方不经意的一个动作就会让她胡思乱想，她不敢表达自己的想法，因为她怕对方看到真实的自己后会选择离开。与自己爱的人在一起当然令她很开心，但是开心过后却是深深的担忧。她总觉得自己是一个非常差劲的人，所以会通过不停地关心、体贴对方来换取对方的爱与怜悯。爱情明明很美好，但为什么浩宁和姚姚之间的爱情会这样呢？因为姚姚有抑郁型人格倾向。

抑郁型人格的爱情图式：防御型恋爱

“心中有歌，眼中含泪”，当你听到这句话的时候，你的脑海中会浮现出什么？实际上，这句话是对那些“受抑郁动力”驱使的人群的真实写照，即“抑郁型人格者”。自我效能和积极的自我感受遭到明显的抑制是“内摄型抑郁人格”的典型特征，这种人格类型的人常认为自己不够好、有缺陷、自作自受。从中我们可以看出，自我攻击是与内摄型抑郁密切相关的一种防御机制。

那么在亲密关系中，内摄型抑郁人格的人会有什么样的表现呢？在恋爱关系中，他们会主动将对方的错归于自己，以此进行自我保护。他们很难向恋人表达自己的真实需求和不满，同时又非常渴望亲密关系，因此他们只能将这些复杂的情绪进行“内化”，认为只有改正自己的“错误”，才能维持亲密关系。这就意味着，他们在亲密关系中会不断地进行自我否定，同时不能以正常的心态看待对方的过失，只会一味地纠正自身，这导致他们会因为刻意讨好而感到力不从心。如果他们遇到冷漠、自私或有暴力倾向的恋人，他们会更加难以摆脱并深陷其中。

由法国小说家妙莉叶·芭贝里的一部小说改编的电影《刺猬的优雅》完美地展现了孤独而优雅、炽热而克制的抑郁型人格者的爱恋。十一岁的天才少女帕洛玛认为每个人都像活在鱼缸里的金鱼一样只有七秒钟的记忆时长，人们在无畏地、盲目地追逐着虚幻的倒影。她过早地洞悉了人生不过是一场平淡的生死戏，于是决定在自己十二岁生日那天结束自己的生命。在此之前，她决定用摄像机记录这座高级公寓里的繁忙的人和无聊的事，并将此作为送给自己的死亡礼物。不过，看似平平无奇的看门人荷妮却引起了她的注意。荷妮又老又丑，脾气暴躁，不修边幅。她从不去商场购物，也不去发廊理发，她还有一只肥胖的猫咪。早年丧夫的荷妮在她的小房子里搭建了自己的“藏身之处”，一扇门的背后是数不尽的书籍，是她内心深处的细腻与优雅，是冷漠背后的柔软与深情。帕洛玛相信这个会读《阴翳礼赞》的人的灵魂不会那样的简单。

荷妮埋藏已久的刺猬式生活方式被新搬来的小津先生打破了，他们因《安娜·卡列尼娜》中的那句“幸福的家庭大多相似，不幸的家庭各有各的不幸”相识。感觉相见恨晚的小津先生对荷妮发起了邀约，当荷妮的期待变为现实时，刺猬式的本能反应——我不够好，我有缺陷——占据了上风。但荷妮还是迈出了一步，她手足无措地给小津先生回了信，踏进了许久未进的理发店，换上了优雅、精致的女士套装和高跟鞋，两颗心逐渐靠近。然而，在这部电影的最后，当重生的荷妮准备好奔赴自己的爱情时，她却为了阻止在马路中央跳舞的男人而不幸被货车撞死了。荷妮在最后的独白中说：“我的心像蜷缩一团的小猫咪，我想和您再喝一杯清酒。”优雅的荷妮在死去的前一刻在做什么呢？她已经准备好爱和被爱了。帕洛玛的结局有什么变化吗？她决定以后也成为一个看门人。

抑郁型人格的爱情写真：没有力气好好相处

幸福来得很突然

抑郁型人格者易受悲观情绪侵扰，虽然有“阳光”照入，但大多数时候，他们的情绪体验都以沮丧、无助和不快乐为主，表现为显著而持久的心情低落。他们常常将自己的情绪藏起来，对自身的状态闭口不谈，他人很难深入了解他们内心的真实想法。只要抑郁型人格者不走向极端，他们看起来就和正常人一样，而且抑郁特质本身具有一定的吸引力。

但当抑郁型人格者迎来爱情时，他们就会有“幸福来得太突然”的恍惚感。因为他们一直活在自己想象的悲观世界中，并且认为自己不值得被爱，世界是灰暗的、没有希望的。他们害怕即将开始的这段亲密关系会成为自己的“软肋”。在抑郁型人格者的眼里，与他人建立情感联结，并信任对方会将自己置于一种不利的处境。他们担心自己会被欺骗、被伤害，害怕自己会拖累他人，他们有时会主动选择疏远或破坏这段感情，以此维持自身的安全感。

当抑郁型人格者决定开始一段亲密关系时，他们又会因为自我价值感的缺失而小心翼翼——“他 / 她不开心是因为我不够好吗？”“我这么做能让他 / 她开心吗？”他们过度关注恋人的反应，希望从恋人的态度中得到爱、认可，以及稳定且长久的支持、保护、包容。

爱上爱你的感觉

在亲密关系中，抑郁型人格者认为全身心投入才是爱的真谛。因为他们害怕被孤立、被抛弃，害怕独自一人的孤独与寂寞，所以他们时刻都是纯粹的利他主义者：无私付出，富有同理心；一心一意为对方考虑，无条件地支持对方；顺从，害怕冲突。他们认为，只有这样他们在恋人心中的地位才会无可取代。他们永远在追求一种极致的亲密关系，当恋人的所作所为不像他们预期的那样时，他们会将之视为对方不够爱自己；当他们发现两个人之间需要一定的距离时，他们会认为自己不再爱对方了。

慢慢地，抑郁型人格者会发展出一种“你即是我”的依恋关系，在这种关系中，他们把自己变得和恋人完全一样。他们会完全按照恋人的方式生活，放弃自己原有的好恶，与恋人感同身受，并且所思所想皆同步。对极致亲密感的追求与害怕被抛弃的执念，造就了抑郁型人格者“我爱你，这与你无关”的想法。这种完全融入对方，“用爱吞噬对方”的行为，使抑郁型人格者既不愿发展自我，也不允许伴侣拥有自我。慢慢地，他们会发现自己爱上的只是“对恋人的感觉”，而非爱上了“恋人”。

我配不上优秀的你

在亲密关系中，抑郁型人格者经常显得孤独、空虚，渴望对方的关心和稳定的生活，但是又习惯性地认定自己不配拥有美好的爱情，或者你对他的好。他们诚惶诚恐，渴望亲密又怕自己的某些行为会令恋人不满意，这种矛盾的心理让抑郁型人格者“欲迎还拒”。很多时候，他们会因为怀疑自己配不上对方而尽可能地进行补偿和付出，尤其是在金钱、家务、情感等方面。他们甚至会原谅伴侣的反复出轨、家暴。同时，由于他们内心深处的自卑感，他们不敢肯定自己的价值，以至于伴侣的一句批评、拒绝都会激发他们的愧疚感——“他说的可能是对的，是不是我真的不够好？”因此，抑郁型人格者很容易陷入“怀疑自己”的恶性循环中。当他们长期受到消极情绪的影响时，他们可能会因习得性无助，而无力离开这段不够好的关系。

我的柔情，你似乎不懂

抑郁型人格者一般看起来比较柔弱，讲话时柔声细语，不像多血质的人那么精力旺盛、充满朝气。他们看起来多愁善感，行动比较迟缓。他们从不会随意将自己的愤怒或悲观的情绪发泄出来。所以在外人看来，抑郁型人格者和普通人似乎并无不同。但是在亲密关系中，抑郁型人格者会通过倾诉或情感绑架让对方承受自己的苦闷和负面情绪。一方面，他们的内心想要伴侣的陪伴和关爱，希望自己是被偏爱的一方；另一方面，自卑情结让他不敢从容地接受对方的付出，他们因为害怕自己“没有资格”而越来越优柔寡断，他们看似柔情似水，实则腼腆、扭捏。一旦伴侣失去了耐心，不理解他们身上特有的抑郁特质，将抑郁型人格者的楚楚可怜看成故作姿态，两人之间的感情就会出现裂痕。

爱上抑郁型人格者：这一路上的风霜雨雪

和抑郁型人格者谈恋爱是什么感受？那种感受就是既心累又心疼。抑郁型人格者脆弱且敏感，容易陷入低落的情绪中，内心缺乏安全感。因此对于爱情，他们充满了渴望，希望在爱情中得到治愈。他们会像爱自己一样全身心地爱你，有时内心也充满了矛盾，一边抱怨着谈恋爱好累，一边又努力给你更多的爱。很多时候，你即使能看出他们在“装模作样”，却猜不透他们的内心。甜蜜是真的，心累也是真的。与抑郁型人格者的恋爱旅程注定充满风霜雨雪。尽管你疲惫不堪，但你仍想和对方携手克服这段折磨人的阶段，感受爱情的甜蜜。

在刚遇到抑郁型人格者时，你会被他身上的独特气质吸引。从表面上看，他沉着、冷静、稳重，在日常交往中随和、淡然，你会不自觉地被对方这种神秘的疏离感吸引，忍不住想走近他。爱上抑郁型人格者后，你和普通的恋人一样，想要敞开心扉和他交流，拥有如胶似漆的甜蜜爱情。但他给你的感觉却是冷淡和抗拒。你开心又激动地想和他分享生活中的点滴，但收到的只是他简单的一两句回应，他的反应就像一盆冷水浇灭了你内心的火苗。你满心期待着和他约会，有好多话想和他说，但真正见面后，他的拘谨和冷淡却让你不知从哪说起。你不禁开始怀疑，他是否爱你。其实对抑郁型人格者来说，他们不是不想要爱情，他们对爱情充满了渴望，想要和另一半携手前行，但他们习惯了独自生活，很难突然间进入两个人的生活，他们不愿意主动谈论自己的事情。而且他们在内心深处常常觉得自己不够好、有缺陷、没有吸引力，不配得到另一半的爱。他们深爱着你，但表现出来的却是冷淡和漫不经心。

终于，你用时间和温暖冲淡了对方内心的恐惧和冷淡，让他开始慢慢地依赖你，并且感受到两个人携手并进的美好。他开始慢慢地打开心底的枷锁，与你分享他的内心世界。但当你走进他内心的大门时，你看到的不是明媚的阳光，而是蒙蒙细雨。在他的眼中，你总是那么优秀，他会因为你记得他的爱好而感动，又会因为你工作劳累而心疼，他一心一意地为你考虑，无条件地支持你，甚至很少向你提出要求。爱情给人的感觉应该像温暖的阳光，但你总觉得他不开心、不幸福，他的头顶似乎自带一片乌云。你与他分享平日里开心的事，他却向你倾诉充满负能量的日常。两个人出去约会时，他会不由自主地唉声叹气，你再三询问，他也不说，他的不开心唤起了你的内疚感，你以为是你没有安排好这次约会，于是你处处小心，但最终他还是融入不到甜蜜的氛围中。你听着他的叹气，你的心情也会跟着跌落谷底，你试图开导他、安慰他，虽然他暂时露出了微笑，开心地和你拥抱，然而过不了几天，同样的情况会再次出现。悲观、消极、自我批评似乎已经深深地渗透进他的心底，他的多愁善感像绵绵细雨，但有时却比狂风暴雨还要折磨人。

有时你可能想结束这段感情。但他的不安又会激发你的保护欲，使你想要更好地爱他，给予他足够的安全感。偶尔你会感到疲惫又崩溃，但对于他，你仍有着说不尽的心疼与爱。两人在一起的时间久了，你也接受了他的阴晴不定和忧郁，你想要一辈子和他在一起，尽管这条路似乎很长很远，并且充满了风霜雨雪。

理解 TA：
开心并不是一件容易的事

抑郁既是一种气质特点，也是一种人格特点。一般人在恋爱的时候，特别是在热恋时，极易被抑郁侵扰，即想一个人想到抑郁，沉溺在爱中。

通常，抑郁指一个人感到低落、悲伤或绝望，并且很难从这样的心境中恢复；对未来悲观，有羞耻感、自卑感。抑郁的人的自我评价十分负面，他们自我批评较多，自尊水平低，有深刻的无能感，对自己与他人比较挑剔。人们习惯用悲伤、沮丧、无助、寂寞、不快乐、郁闷、自责、不开心、没有活力、没有兴趣等词来描述他们。事实上，抑郁分为内摄型抑郁和依赖型抑郁。前者指所有的情感都指向自己的内心，人常常出现自我攻击，觉得自己不配拥有爱情和美好的生活，自我否定，对真实的幸福持怀疑态度。他们往往更喜欢爱上别人或者被别人爱的感觉，而不是爱这个人本身。后者与依赖型人格较为相似，事实上，依赖型抑郁者更看重别人的关注，而依赖型人格者更愿意主动寻求关注。

通常，抑郁型人格者的思想比较消极，他们更容易陷入悲观和失望，在亲密关系中也更关注悲观的部分，例如，两人迟早是要分手的。他们会把亲密关系中的不愉快归因于自己，例如，自己不够好、不值得被爱。与此同时，他们可能还会以悲观、绝望的态度看待伴侣——不管对方做了什么，他们总觉得不满意，经常自相矛盾。由于抑郁型人格者的体质偏弱，他们在讲话时很温婉，看起来多愁善感，往往更惹人怜爱。由于他们更容易为伴侣考虑，更易内疚、自责，这些特点会让恋人认为他们通情达理、体贴入微。

抑郁型人格者可能不会得抑郁症，但他们看起来并不开心，他们的情绪体验以消极为主，持续的负面信念、负面思维，以及负面生活事件，很容易将他们拖入抑郁情绪的泥沼中。

关于抑郁型人格的形成，学者们普遍认为先天的生理因素的影响很大，很多研究都指向基因与激素水平的异常。有抑郁家族史的人形成抑郁型人格的风险通常会更高。他们具有生理易感性、心理易感性，这些特点与生活压力事件都导致其更易产生消极的认知图式。特别是早期经历中的丧亲、被遗弃、被父母批评和指责、父母感情不和等，都会给敏感的他们投下一抹阴影；而成长过程中的负性生活事件的积累、消极的归因方式、认知偏差等都会对抑郁型人格的出现起助推作用。

值得注意的是，抑郁型人格不是抑郁症，患抑郁症的人的社会功能与自我功能都会受限甚至受损，而抑郁型人格只是一种人格类型，抑郁型人格者身上弥漫着抑郁的气质，这种特质在亲密关系中熠熠生辉，会成为照进恋人心中的一束月光。抑郁型人格者特别容易让人心生怜惜，他们对亲密关系忠诚且执着。

如何与抑郁型恋人相处：为爱寻找快乐

你有没有注意到，当你的恋人遭遇挫折时，他们往往会将责任归于他们自己？即使他们并未受到批评和指责，他们也会难过一段时间。这是因为抑郁型人格者自我价值感低、不自信，在遇到问题的时候，他们总认为问题是自己造成的。他们经常自我否定，在恋爱关系中，当对方不高兴时，他们就会反思是不是自己做得不对。抑郁型人格者的内心非常脆弱，他们总是担心自己的一言一行不能让别人满意，他们善于倾听，却总是不敢表达最真实的自己。你和抑郁型人格者在一起时要小心翼翼，因为这只“小刺猬”随时都有可能将敞开的内心再一次封闭起来。但是他们并非无药可救。他们非常渴望关心和鼓励。

你如果爱上了抑郁型人格者，不妨试试以下方法，或许这些方法会让你们的关系更亲密。

1. 倾听他内心的声音

“你走吧，你不用管我。”

抑郁型人格者不善于表达自己，但又非常渴望得到别人的关爱，即使自己的内心很难过，他也不愿意找人倾诉。那么你如何了解他的内心呢？当你向他倾诉自己的烦心事时，你可以紧接着问一句：“你今天遇到让你难过的事情了吗？”此时他可能会表达自己的情感。如果你不问，他或许永远也不会说。你需要成为主动的那个人，多关心发生在他身边的事情，这样即使他“一言不发”，你也可以猜透他的“小心思”。

当你和他沟通的时候，你可以尽量引导他多表达自己的真实想法，并且你在遇到困难的时候也要告诉他，让他感觉到你需要他，让他有一种价值感，让他意识到你生气并不是因为他，避免他再一次陷入胡思乱想。他的敏感和细腻会让他富有同理心，但是，他们也会因此让自己的想法偏离事实。所以，当他对你的行为表现出不满的时候，你可以表现出包容和理解，其实他们并无恶意，只是需要你一次次地帮他解开心结，告诉他："我一直都很爱你，我刚才的行为不是针对你。"在一次次的解释中，你或许会很累，但是这能帮助你们建立一种更稳定的关系。

2. 疏导他内心积压的情绪

"我感觉自己一无是处。"

此外，抑郁型人格者善于自我觉察，有时甚至会出现很强的自我负罪感。作为抑郁型人格者的恋人，你要避免指责他，避免增加他的心理负担，要对他进行鼓励，帮助他建立自信。例如，"我感觉你今天有点烦躁，你是遇到什么事情了吗？"他会借此机会表达自己的感受，你可以接着鼓励他："你做得很好了，你在我心里永远是最棒的。"相信在你的鼓励下，他慢慢地会成为一个自信、阳光的人。

我们熟知的诗人海子就是典型的抑郁型人格者，其生命永远地定格在了 25 岁。他总是对自己曾经犯下的错误"念念不忘"，把所有的错都归结在自己身上，甚至在自杀的前一天，他还在向朋友忏悔，觉得自己的行为伤害了自己曾经深爱的姑娘。

如果你的恋人对以前发生的事情一直感到懊悔，你就需要意识到这是一个危险的信号，你可以尝试着帮助他走出这片阴霾，不断鼓励他、支持他，让他重新体会到自身的价值感。

3. 与他一起正向思考

“我是有缺陷的，而且无法改变。”

抑郁型人格者的思维方式往往是负向的，他们习惯从消极的方面考虑事情。他们对待当下和未来也很消极，“事情不会变好的”，这是他们的常态，因此他们往往也做好了最坏的打算。因此，我们也可以说他们是“悲观主义者”。如果你发现恋人出现情绪低落、价值感降低、睡眠和饮食不协调等状况，你就需要予以关注了。

怎么帮助抑郁型人格者正向地思考呢？有效沟通很重要。有效沟通涉及三个关键词：**觉察、鼓励、延伸**。你要**觉察**什么？你要觉察对方在沟通时想重点表达的意思，此外作为伴侣的你要增强对自我的觉察，因为你可能会被他的情绪“传染”。在**鼓励**对方时，不要说：“你赶紧好起来！”而要说：“我相信一切都会过去的，一切都会好的，不要急，我们一步一步来。”

此外，你也要切记，避免说："不要怕，想当初我也这样，后来就好了。"你要延伸什么？你要根据对方的表达，延伸对方的看法，当然，是积极的看法。例如，对方说："我觉得自己很失败。"那么你就可以问："你觉得自己在哪些方面失败呢？"他可能会说："我长得不好，赚钱也不多，哪一个方面都不好。"这时你就可以发表自己的看法了："可是你把我照顾得非常好呀。"这些话可以让他慢慢地发现自己的价值。

4. 帮他一起走出阴霾

"一起出去晒晒太阳吧。"

抑郁型人格者往往活在过去，而不关注当下，例如，他们会经常感觉："我一直都没有感受过快乐。我好孤独。"作为伴侣的你，这时的感受是压抑、心疼，还是无奈？伴侣首先要做抑郁型人格者生命里的光。

一方面，你可以多带他出去走走、看看，帮助他先从之前的封闭圈中走出来，尝试与他人接触和交往，尽量不让他独自待在某个环境中太久，要帮助他建立和谐的人际关系。你还可以帮助他发展一些兴趣和爱好，如踢球、看电影、听音乐、下棋、跳舞。你可以和他一起参加这些活动，通过运动缓解他的抑郁情绪。

另一方面，你可以帮他改变其居住环境。研究发现，太阳光或明亮的人工光线，可以改善人的抑郁心境。此外，宠物也可以起到陪伴的作用，这本身就是一种疗愈。

假如你是抑郁型人格的刺猬

抑郁型的刺猬独特且迷人，它身上的刺令人目眩，让它与众不同。拥有抑郁型人格的个体自带吸引力，这种压抑的人格特质，有时是吸引异性的“绝密武器”。

1. 接纳自己，真心爱自己

允许自己以独特的方式存在，慢慢地学习与自己的情绪、特质及当下的状态相处，不要被自己的抑郁特质控制，慢慢地学习与抑郁特质保持一定的距离。接下来，你要看一下是什么令自己如此抑郁。是内心没有实现的愿望，还是潜意识的自我攻击？抑郁型人格的女性更容易吸引异性的关注，会激发对方的保护欲和怜爱。

2. 从爱上自己伴侣的感觉中走出来

恋爱之初，你的抑郁特质会令恋人神魂颠倒。但随着亲密关系的深入，你身上的那些悲伤、抑郁的特质会慢慢地成为你们的交往中的一个个小冰块，你需要恋人的爱融化你内心的冰块。你会不知不觉地爱上爱人的感觉，这会令你活在恋爱的感觉中而不是现实中。

3. 真的爱上你的恋人

你要慢慢地厘清感觉与现实，从自己的感觉中剥离出来，透过迷雾看真人，透过现象看本质。因此抑郁型人格者在爱情中要能够接纳真实的人，而真实的人都有自己的特点与性格。这样抑郁型人格者才能接纳现实中的恋人，即一个有血、有肉、有软肋的真实的爱人。

4. 抑郁型人格者彼此吸引

两个抑郁型人格者会相互吸引，而随着相处的深入，两个人之间会弥漫着悲伤的气氛。适合抑郁型人格者的恋人是温暖型的人，有一定的心理弹性、有活力的人是最适合他们的恋人。这样的人能带动抑郁型人格者慢慢地融入现实，拥抱真实的世界。

电影推荐：《丈夫得了抑郁症》

电影《丈夫得了抑郁症》是日本导演佐佐部清的作品，于 2011 年上映。剧中的男主角高崎干男（堺雅人饰演）为人细致，做事一丝不苟。他习惯每天早上做便当，并按照日期搭配便当中的奶酪和自己的领带。但是在巨大的工作压力下，干男看似平静的内心渐渐地失去了平衡。为了让丈夫尽快恢复如初，小晴（宫崎葵饰演）以离婚相要挟，迫使干男辞职休养身心。

在影片的一开始，干男在工作中遇到了诸多困难，例如，客户的刁难，老板的不理解。虽然干男和平时看起来一样，其实他很早就出现了食欲减退、记忆力变差、长期失眠、自我评价越来越低的症状。他感觉自己什么事情也不会做。渐渐地，小晴发现了干男的异常，因为他平常最喜欢做便当，而且特别喜欢吃便当里的奶酪，但有几次小晴在他拿回来的餐盒里发现很多剩下的奶酪。有一天早上，干男说："我不会做便当了，我什么都不会做，我好想死啊。"小晴劝他去医院看看，但是他害怕耽误工作，给公司和同事带来麻烦。最终，医生告诉他，他患上了抑郁症。即使如此，干男想到的仍然是上班，此时的小晴回想起了之前的事，自己以前是一个比较懒的人，只爱画漫画，干男为了让自己可以安心创作，一个人承担了太多的家庭责任和工作压力，这导致他变成了现在的样子。经过专业的治疗，干男的症状得到了明显的改善，他的脸上出现了阳光般的笑容，但是有时他依然会找不到价值感。特别是在阴雨天的时候，他的精神压力很大。

与一般人不同，小晴没有认为丈夫的抑郁是矫情，她细心地倾听丈夫的想法。她以离婚相逼，让干男辞去了工作，以便他安心休养。干男失业后，家庭收入骤减，失业保险并不能维持两个人现在的生活。在这种情况下，小晴鼓足勇气找到了一份为书籍创作插画的工作，这却刺激了干男。因为一直以来都是干男为家庭不断付出，他为自己“得病”而内疚，他觉得自己是家庭和社会的累赘，他不停地哭着说：“对不起，如果我不在的话，大家都会很轻松。”他有时甚至会因为小晴在工作中出现的不耐烦情绪而产生自杀的念头，觉得自己没有价值。然而，小晴对他说：“你如果痛苦的话，就不要努力了，顺其自然，享受当下便是最好的选择。”

在小晴的陪伴下，幸运的干男勇敢地迈出了一大步。当晴子和干男一起乘坐他平时上早班的地铁时，她才知道原来丈夫平日这么辛苦，她对丈夫的付出很感慨："地铁里这么拥挤，老公你这些年居然能忍下来，你真棒。"这是干男一直以来都想听到的，这句话彻底冲破了他的情感防线，他在拥挤的车厢里失声痛哭，积压在心中的抑郁情绪终于得到了释放。慢慢地，两个人的生活也重回正轨。

第 9 章

反社会型人格的爱情

反社会型的刺猬充满攻击性，在亲密关系中渴望获得操纵感。

案例：冲动与冷静

于我们而言，爱情是非常美妙的感情，枕边人与我们的关系无比亲密。可是，一旦你不幸地被反社会人格的他选中，你会发现自己会在爱情中陷入了万劫不复的境地。

在不幸的爱情中，眼泪都是多余的

2019 年 9 月 6 日，一位在悬崖下迷路的游客发现了一名坠崖的中国孕妇，她就是故事的主人公王暖暖。被发现时，王暖暖的腿已经露出了骨头，她全身多处骨折，满脸是血。如果不是因为她先掉落在树上，从高处坠落的她可能早已看不到第二天的太阳了。原本开心地与丈夫一起在泰国游玩的她怎么也没想到自己竟然会掉落悬崖，并且她是被自己的丈夫亲手推下的。

王暖暖后来回忆说，在事发的前一秒，丈夫俞某正抱着她，亲吻她，下一秒他便化身恶魔，毫不犹豫地将她推下了悬崖。俞某在推她的时候，完全没有犹豫，动作干脆利落，一气呵成，同时他还在王暖暖的耳边恶狠狠地说："你去死吧。"站在悬崖边享受山上的新鲜空气的她还没有反应过来，就被抱着自己的俞某狠狠地往前推了一把，然后她身体腾空，失去了知觉，醒来已经是1个小时之后的事了。悬崖之下，随时可能有猛兽出现，她全身多处骨折，完全无法动弹，血液倒灌导致嗓子无法发声，绝望的王暖暖仿佛已经看到了自己的结局：死亡。幸运的是，一位迷路的游客发现了她，并将她送往医院。

当发现自己的妻子并没有如自己所愿地坠崖身亡时，俞某又做了什么呢？俞某急匆匆地赶到医院，装作非常着急的样子，仿佛真的是一个发现妻子死而复生的丈夫。当王暖暖质问他为什么要这样做的时候，俞某恐吓王暖暖，让她不要乱叫。他说，没有证据能证明她说的话，如果他被警察抓了，那么他回来后绝对不会放过她。王暖暖知道，俞某连杀人都做得出，这个恐吓绝对是真的。为了保全性命，她不敢再出声。在警察来做笔录时，她说自己是因为头晕不小心摔下了悬崖。之后，俞某 24 小时贴身监视她，并且贼心不死——在王暖暖入院的第二天，他不顾医院的反对，想强行把王暖暖带走，试图再次谋杀。幸好他被医护人员拦了下来。后来在王暖暖的恳求下，俞某才略微放松警惕，同意通知两个人都认识的一位朋友。至此，王暖暖才有机会说出真相——她被自己的丈夫蓄意谋杀。

美好的相遇，原来是处心积虑的预谋

俞某是因一时冲动才做出这样的事吗？并不是。从俞某追求王暖暖起，他就已经在算计她了，只不过当时的他可能也没有想到自己会走到杀人这一步，毕竟当时的他自信地认为王暖暖会心甘情愿地满足他的所有需求。

当时的王暖暖是众人眼中的成功女性，她聪明、美丽、为人大方，靠着自己的努力在异国他乡拼下了一份家业，她经营着属于自己的实体店、民宿和中餐厅，生活颇为富裕。这样优秀的她成了劣迹斑斑、一身外债的无业游民——俞某的猎物，俞某急需找一位“金主”帮他解决经济问题。而在聚会中认识的这位身家颇丰的王暖暖就成了俞某的猎物。

于是，俞某对王暖暖展开了猛烈的追求。他先仔细研究了王暖暖的社交平台，了解了她的喜好，之后他按照王暖暖的喜好把自己伪装成她喜欢的样子，开始了一段充满欺骗和愚弄的追求。常年独自在异国打拼、饱受孤独折磨的王暖暖哪里体验过这般热切的追求？于是渴望有人陪伴的她很快沦陷了。两个人确定关系后，俞某更加积极了，他可以天天为王暖暖下厨，可以仅仅因为王暖暖的一句“喜欢”就去比较远的地方买早餐。两个人外出时，俞某会抢着买单。不久之后，俞某就向王暖暖求婚了。起初王暖暖没有答应，于是俞某坚持每天向王暖暖求婚，却完全没有考虑自己每天求婚是否会给对方造成困扰。

王暖暖和俞某在认识两个月后结婚了。她本以为这是美好生活的开始，却没有想到婚后的俞某像变了一个人一样——他不再花心思宠爱王暖暖，甚至对王暖暖漠不关心，整日沉迷游戏。有一次，王暖暖在他的眼前跌倒了，他只是冷漠地看了一眼，然后继续玩游戏，仿佛什么都没有发生过。婚前说要找一份工作努力赚钱养家的俞某，却在婚后整天待在家里，无所事事，毫无责任感地花着妻子的钱。

婚前，王暖暖被俞某的欺骗蒙蔽了双眼，她婚后才知道俞某一直没有正式的工作，而且恶习非常多，甚至连俞某在婚前说的“因为意外入狱 8 年”也是假的。他曾多次犯罪，法院的判决书上写着“屡教不改”，他最终被判了 12 年。

慢慢地，俞某的本性彻底显露了出来。俞某追求王暖暖就是为了找一位供自己挥霍的“金主”。终于有一天，俞某对王暖暖说，自己交友不慎被朋友骗去赌博，欠了 100 万元外债，已经走投无路了。他希望王暖暖能帮他还债，并表示以后会好好过日子。于心不忍的王暖暖答应帮忙还债，并让俞某帮自己打理生意。俞某同意了，并开始主动协助王暖暖，王暖暖以为她真的可以感化这个男子。其实，俞某只是在愚弄王暖暖，他心里另有打算。之后，俞某直接从公司的账户上划走了500万元用于赌博。盗用公司财务是不是已经构成了犯罪？这么大一笔支出会不会影响妻子的生意？这些事情俞某完全不在乎。当钱都被输光之后，俞某又痛哭流涕地请求妻子原谅他。王暖暖再次选择了原谅俞某，但是她却没有想到，俞某之前的忏悔都是假的，他完全没有悔过之心，却开始计划一场更大的阴谋——谋财害命。于是就有了最开始的那一幕——他毫不犹豫地将自己的妻子推下了悬崖。

爱情中的“恶魔”显身

俞某善于伪装、欺骗，为达目的不择手段。他懒惰、冷漠、毫无责任感，可以看着自己的妻子在自己的眼前跌倒而无动于衷。他不愿意承担家庭的责任，只希望能有一位“金主”无私地为自己付出。此外，俞某对法律毫无敬畏之心，他可以为了达到自己的目的毫不犹豫地做出违法行为。他将

“死亡之手”伸向了本应与之相濡以沫的妻子，他为了赌博而大额盗用妻子的公司的资产。像俞某这样的恋人是爱情中的“恶魔”。俞某就是典型的反社会型人格。

反社会型人格的爱情图式：爱情里不能说“不”

那么，一方是反社会型人格的亲密关系是什么样子的呢？

有人说：“最恐怖的爱情就是你的恋人正好是反社会型人格。”反社会型人格者的共同点是没有同理心、缺乏道德感、没有底线。他们根本无法自我反省，也毫无共情能力，很难明白爱和关怀的意义。他们的心灵极度空虚，其情感体验能力也非常弱，他们很难与其他人建立真正的关系。他们可以“恋”，但不会有“爱”。在这样的亲密关系中，爱会表现为“捆绑”，甚至“报复性的爱”——你必须根据他设定的爱的模式爱他。他们喜欢在感情中操纵对方。

从心理学的角度来讲，反社会型人格者活在一元世界里，即他自己设定的世界。严重的反社会型人格者的内心一片荒凉，是一片情感的沙漠，他们极少体验到人的感情世界的温暖与爱。他们很善于伪装，特别是在相识之初，他们会表现得温情脉脉、自律、自信，并显示出超出自己年龄的成熟。男性反社会型人格者是天生的“恋爱杀手”，他们的身上散发着一种独特的吸引力，这让女性难以抽身。一旦亲密关系确立并且稳定下来，他们就会原形毕露——他们会慢慢地提要求，把恋人引入自己的规则，通过精神控制把恋人变成爱情傻瓜。在对方逐渐爱上他们后，他们就能完全地掌控局面，不断地提出自己的想法。对所有不合常理的事情，他们都有一套“歪理”。更可怕的是，对方不仅会相信他们的辩解，还会说服自己认同他们。他们从不觉得自己的生活方式有任何问题，也藐视一切社会规则。他们根本不在乎别人对自己的评价，因为他们永远在按照自己的规则行事，而不是社会的规则。恋人在他们的眼中就像一个无生命的木偶。他们不在乎这个木偶是否会伤心，是否会痛，他们只在乎自己在这场“游戏”中是否能“获胜”，是否玩得尽兴。

电影《X特遣队》中的小丑就是典型的反社会型人格者，小丑与小丑女之间的疯狂而另类的感情线备受瞩目，

观众都认为哈莉就是小丑的真爱。哈莉的原名是哈莉·奎泽尔，她是一名在阿卡姆精神病院工作的精神病医生。这份工作让小丑成了她无法抗拒的羁绊，“生命因为和你在一起的每一刻而存在”的情话让哈莉迅速坠入爱河。为了变成站在小丑身边的罪恶皇后，哈莉承受了电流直击大脑的伤害，经受了跳入化学池的考验。哈莉变得更偏执、更疯狂、更无惧了，她为了爱变成了真正的小丑女。那么能说会道且带着“精英”面孔的小丑，也动心了吗？他自己都不确定。但哈莉已然变成了他的软肋——他冒着战火，为了救小丑女而劫狱，他在她的耳边轻声说：“跟我回家。”哈莉跳进化学池后，他转身走了两步，然后眉头一皱，也跟着跳了进去。然而，在蝙蝠侠步步紧逼的生死关头，小丑依然不顾哈莉的呼救，驱车冲进水中独自一人离去了。小丑女有了新的朋友后，小丑的控制欲再次燃烧起来，因为他认为自己才是哈莉的塑造者。

小丑不怕子弹、不怕炸药、不怕死，却害怕面对哈莉的心。太多的来自这个世界的冷漠早已让他变成一个冰冷的人，他害怕这些爱和这个人，这个和他一样疯狂的人，因为这些会让他变得不再坚硬。小丑问哈莉：“你会为我死吗？你会替我活吗？”由此我们不难看出，生才是他眼里最可怕的事。小丑作为反社会型人格者的代表，完美地诠释了什么是极端的自私。

然而，现实是我们都希望对方毫无保留地爱自己，又害怕对方的世界里只有自己。在《哈莉・奎茵》的动画剧集中，哈莉在两次被抛弃后与小丑分道扬镳，重获新生。与反社会型人格者恋爱的你，请立即停止这段关系吧。

反社会型人格的爱情写真：你的爱情，我的噩梦

以爱之名的操纵

首先，反社会型人格者会用一种激烈的方式表达他对你的“爱”。他可能会找到你的弱点，利用你对他的爱和你的弱点，对你进行言语攻击，降低你的自尊，令你形成一种负罪感，即觉得“我亏欠他”“我配不上他”。其次，反社会型人格者会以“爱”的名义利用这种负罪感，对你进行精神打压或精神控制。例如，北大包丽案中的男主人公说：“你不是爱我吗？如果你爱我，你就得听我的。”“只要你听我的，我就把你娶回家。”“是

你自己选择了这样的生活，你只能接受。”这些话会让你觉得“我得为他付出”“我应该更爱他”。最后，在你想要分手或退出的时候，他会恐吓你。直接的言语羞辱和身体上的胁迫让你无法逃离，只能听从于他。

反社会型人格者天生缺乏共情能力，冷酷无情且漠视他人。在亲密关系中，他们在感受能力方面的缺陷却造就了出类拔萃的观察能力。他们的情感反应能力弱，对惩罚的恐惧感也相对较弱，因此其道德感也很弱。在这种情况下，反社会型人格者能比正常人更快地捕捉到你的语言、微表情、肢体动作及其伴随的情绪变化。这也让他能够利用影响你的情绪因素对你进行精神控制。反社会型人格者也能够从这种“战胜他人”“操纵他人”的过程中获得满足感。

看似有情，实无情

在亲密关系中，反社会型人格者并不像正常人一样情绪丰富。在没有触及其利益的情况下，反社会型人格者的情绪是深藏在心中的，他们常处于一种极端冷静的状态。正常人在看到美好的事物时，如鲜花盛开、恋人久别重逢，都会有强烈的幸福感。但反社会型人格者不会，反社会型人格者感受愉悦的能力不足，缺乏快乐的原动力。他们需要找寻激烈的、刺激的体验，并且常常把自己的快乐建立在别人的痛苦之上。而一旦反社会型人格者感到不快，或者心生妒忌，他就会以极端的方式报复对方。

亲社会行为的稀缺

与反社会行为相对的就是亲社会行为，它是指对行为者本身无明显的好处，而能给他人带来利益的一类行为，这类行为符合社会期望，且是由行为者自愿做出的。例如，乐于助人、分享自己的知识和经验、关注弱势群体。反社会型人格者对于亲社会行为的一贯想法是“我才不做那些，我和普通人不一样”。

“我只想看我喜欢的电影”“我只去我喜欢的餐馆”“那些事与我无关，我才不管”等是反社会型人格者在亲密关系中常说的话。他们往往具有三个特征。一是高社会否定性，即他们常常违背公序良俗；二是广泛的社会危害性，即他们的行为常常会对他人的人身、财产安全造成威胁，还会干扰社会秩序；三是自利性，即他们只顾表达个人的社会态度和情绪，却不顾及他人的感受。

在亲密关系中缺乏共情

反社会型人格者有“天然缺乏社会情感力的人格问题”。“天然缺乏”是指这种缺失可能源自遗传因素。所以他们最大的特点就是缺乏共情能力，他们很难与别人建立亲密关系，不轻易对恋人的情感做出回应，而对方也就无法通过交流与反社会型人格者形成情感关系。当恋人因某事难过或焦虑时，反社会型人格者往往无法理解其内心感受，也并不会做出安抚、陪伴的行为。反社会概念中的“反”字不是指“反抗社会”，而是指与社会属性“相反”，即“缺乏与社会共鸣的情感力”。在接到恋人的反馈和示爱后，他们表现得无动于衷，因为他们无法与恋人产生共鸣，缺乏感受他人的情谊并予以回报的能力，例如，英剧《神探夏洛克》中的福尔摩斯。他并不在意他人的情感，因为他感受不到，他将注意力全部集中在案件上。由于他们在情感方面的异常，他们永远不会审视或反省自己内心的问题。事实上在《神探夏洛克》中，福尔摩斯明确地知道自己是反社会型人格者。

冲动，暴力，不可理喻

在亲密关系中，反社会型人格者常常会将自己的失败归咎于亲人或恋人，且极易冲动。极端的自私自利、缺乏对对方的尊重、漠视社会规则和伦理道德，这些反社会型人格特征极易导致情绪失控。他们的脑海中缺少一种过滤机制，大脑的行为反应机制跳过了思考后果、法律、伦理的过程，直接从"我要做"过渡到了"我现在就要得到满足"。情绪失控往往会演变为家庭暴力。

漠视恋人的需求

在亲密关系中，反社会型人格者对恋人的感受和需求往往抱以冷漠、轻蔑的态度。他们对自己的伴侣缺乏责任感，无视对方的情感需求，甚至会在情感上剥削对方；无法对伴侣保持忠诚，更无法承担为人父母的责任。如果你爱上了一个反社会型人格者，还坚信自己了解他，可以改变他，那么你的结局很可能和小丑的追随者哈莉的结局一样——她疯狂地迷恋着小丑，愿意为他跳进化学池，以求得小丑的回应，然而，小丑却一再舍弃她。反社会型人格者很少对恋人产生心理上的依恋，也不太认同自己的养育者，他们缺乏与重要客体建立关系的能力，相反，他们认同自己内部的原始的"自体客体"，在任何情况下都只考虑自己——在恋爱时，他们会选自己喜欢的餐馆和电影，丝毫不会顾及恋人的需求；在娱乐时，他们甚至会因为怕对方打扰而删除对方的联系方式。

爱上反社会型人格者：在刀尖上跳舞

与反社会型人格者相恋是一种什么感觉？

曾有一位反社会型人格者的恋人这样形容过这种感觉："你会被他的魅力吸引，但更会因他的冷漠恐惧。对他而言，得不到的就应该被毁掉，即使对方是他最亲密的人。"如果你被一位反社会型人格者追求，那么你先要思考一下他是不是真的爱你，因为反社会型人格者往往并不懂爱是什么，他们所做的一切有可能仅仅是为了满足自己的欲望。反社会型人格者极擅长观察，他们会仔细"研习"你的情绪、思考方式，以便投"你"所好。在这段感情的开始阶段，他会把你当成"猎物"，然后按照你的喜好设置“陷阱”，对你展开猛烈的追求，使你迅速沦陷。“迅速”是他们的追求模式的重要特征。因为反社会型人格者在做事时非常冲动，而且无法长时间地投入一件事。所以当你被反社会型人格者追求时，你会觉得这段感情来得很突然，而且他会很快地进入下一个阶段，例如，向你求婚。他有无数种办法让你同意他的请求。

在你与他深入交往后，你会发现他的感情并没有他之前表现出来的那么热烈，恰恰相反，你会觉得他非常冷酷、空洞、无情。当你遇到困难或者感到痛苦，想向他寻求安慰的时候，他只会冷漠地对待你。他把自己的内心隐藏得很深，因此在恋情中他没有办法体验任何深刻的情绪和感受。你会发现，在这段感情中一直都是你在付出，而他却没有一点责任感，尤其是在经济方面。反社会型人格者在与恋人相处时从不履行经济义务。一开始你可能会被他伪装出来的样子迷惑，但相处一段时间后你就会发现，他充满魅力的外表背后却是一个无底深渊。他会为了达到自己的目的做出许多有悖道德的事情，并且从来不考虑这些事情的后果。如果你没有满足他的需求，或者直接拒绝他，他便会产生偏激的想法，更有甚者会通过威胁你来达到自己的目的。

爱上反社会型人格者的你还有一个特别明显的变化就是你

会发现自己的底线越来越低。在俞某做了那么多过分的事情后，王暖暖仍旧选择原谅并天真地以为自己能够感化俞某。这是每一个与反社会型人格者相爱的人都会经历的事情。因为反社会型人格者特别会“卖惨”，这是他们屡试不爽的招数。当善良的你面对他的痛哭流涕时，你会对他心生怜悯，并选择原谅他，甚至帮他解决困难。你以为自己是在拯救他，其实是他成功地操纵了你。反社会型人格者藐视一切社会规则，在反社会型人格者的世界里，所有的“游戏规则”都是他们自己制订的，所有的对与错也都只在他们自己的一念之间。如果你试图用示弱或者讲道理的方法感化他，等待你的结果只能是失败。而一旦他觉得你开始影响他的生活，并且不能继续满足他的欲望，他便会用极端的方式对待你。与反社会型人格者恋爱注定是痛苦且危险的，他们不惧世俗与法律的约束，永远生活在自己的世界中，有一套自己的处事法则，而你在这段关系中永远处于被动的位置。你一次又一次地放低底线，最终导致他做出更多伤害你的事情。

躲开 TA：
缺乏基本道德，无视规范

反社会型人格者常常有反社会行为，一部分人会侵犯他人或公众的权利，无视社会规范与习俗。在某些情况下，他们甚至会出现违法行为，他们会为了自己的利益毫不犹豫地侵犯他人的利益，反社会型人格者中的一部分人相当冷酷，在他们的词典中没有“懊悔”，更没有“内疚”。他们常常会选择不负责地、冲动地生活。

这类人格的形成往往与不成功的家庭教养有关，例如，过于严苛的父母、不一致的管教方式、复杂的家庭关系、暴力，以及缺乏监管。这类孩子在成长过程中缺乏情感联结与情感输入。

他们在处理社会关系时，往往带有偏见——认为他人怀有敌意，认为自己受到了不公平的对待。他们也会表现出认知缺陷，在面对冲突时不会采用非暴力的反应方式。早期的身体虐待、严苛的教育等都会导致这类问题。

社会认知理论注重强化在解释反社会行为方面的作用。在大多数同龄的孩子已经学会把他人的反应当作强化物的时候，反社会型人格者却没有学会将他人的回应作为潜在的强化物和激励因素。他们的早期学习经验缺乏一致性与可预测性，他们极少因为做“正确的事”受到奖励，他们可能承受了严酷的体罚。成年之后，他们不太重视他人的期待，但他们善于察言观色，善于利用有用的信息获取个人利益，却不在意其行为是否会危害他人。

反社会型人格者通常认为自己的行为是合理的，即使他们有适应不良的问题，即使他们觉得痛苦，他们也不太可能认为自己的行为有问题。

不要与反社会型人格者相处：
及时止损，全身而退

反社会型人格者像是“一只披着羊皮的狼”，在外人面前，他们通常会散发“万人迷”般的魅力，是大众眼中的成功者。他们能言善辩、英俊潇洒，对异性极具吸引力。但是你与反社会型人格者真正相恋后，会发现你的噩梦开始了。一方面，他们往往有不良的早期经验。如果个体在幼年时遭受过虐待，他们很可能会认为“这个世界就是如此”。另一方面，他们的大脑结构异常，这导致他们对于情绪性词汇反应迟钝。如果你真的爱上了一个反社会型人格者，并且发现对方存在寻求刺激、道德感弱、有暴力倾向等问题，你就需要认真思考一下你的脱身之道了。你可以从以下几个方面进行考虑。

1. 提高辨别能力

美国知名临床精神病学专家玛莎·斯托特博士在《当良知沉睡：辨认身边的反社会人格者》一书中写到，反社会型人格者最大的一个招数就是装可怜。例如，电影《素媛》里的那个全身都被淋湿的大叔。八岁的小女孩好心地给大叔打伞，结果却因此坠入深渊。

反社会型人格者在感情方面会不断地给对方洗脑，剥夺对方的尊严。如果你发现身边的人对你有很强的控制欲，不断地挑战你的底线，如果你在尝试与他静心交谈，了解他对社会、情感、利益、价值等的看法时发现对方的想法和你大相径庭，并且他试图将自己的观念灌输给你，你就需要在心里亮起红灯了。另外，除了与对方交谈外，你还要观察对方在日常生活中的“本能行为”，例如，正常人在看到一个人摔倒时的本能反应是立刻扶起对方；正常人在看到朋友伤心、难过时的第一反应是安慰、关心对方。而反社会型人格者由于没有同理心，往往会表现得很冷漠。

所以，当你发现身边有一个“完美”的人时，你一定要提高辨别能力，先甄别对方是否在逢场作戏，再决定后续的情感发展，千万不能陷入“恋爱脑”。

2. 学会自我保护

反社会型人格的他不懂得爱人。即使他知道自己的行为会伤害别人，他也不会产生一丝一毫的罪恶感，更不会停下自己的脚步。因此，如果你发现你的恋人有反社会型人格倾向，请一定要学会保护自己。

对反社会型人格者而言，他在追求你的时候你是“宝”，双方确定关系后你就是“草”。因此，不要试图挑战反社会型人格者，保持距离，千万不要踏入对方的警戒线。在行为方面，要保护自己，你就需要时刻警惕自己的行为是否越过了对方的“红线”，反社会型人格者不会允许任何人踏入自己的世界，不要激怒他，不要试图在某些方面胜过他，不要嘲笑他。在心理方面，你需要时刻警醒，学会捍卫自己的心理边界，千万不能被反社会型人格者说服。当对方试图践踏你的人格，贬低你的价值时，你要意识到，这是他渗入你的思想的一种手段。

3. 保持警觉

如果你发现自己身边有反社会型人格者，并且他向你表达了好感，你一定要与之保持适当的距离，不要轻易让关系进一步发展，以免自己陷入“圈套”之中。不要被他的外表和身份迷惑。在考虑与一个人建立关系的时候，你要用“事不过三”这个原则检验对方的责任感。另外，你要相信自己的直觉。当你觉得哪里不太对劲时，不要允许对方进入自己的生活，要将他赶出自己的生活。

另外，反社会型人格者的问题不是你应该承担的责任，他的问题并不是你的错，并不是你造成的，因此改变他，并不是你的责任。不要试图用自己的善良改变反社会型人格者，要关注自己的生活，追求自己的幸福。

4. 发现苗头，及时撤退

如果你在相处的过程中发现自己的恋人有反社会型人格倾向，你要果断地采取行动，摆脱对方的控制，否则等待自己的可能是万劫不复。在北大包丽事件中，包丽的男友牟林翰在一开始以非常优秀的、美好的一面获取了她的好感，但是在交往过程中，他向包丽提出过分的要求，并用极端手段逼迫、威胁她，在这个过程中包丽曾提出过分手，但是面对这个戴着面具的人的低声哀求，她心软了。一次次的原谅，换来的是一次又一次的绝望，最终她在最美好的年华永远地离开了这个世界。

从这个事件中，我们可以看到反社会型人格者虚伪的一面。

因此，不要过度留恋对方在恋爱之初展现的完美的一面，他们最擅长的就是迷惑他人。一旦你在这段感情中受到了不公平的待遇，请及时终止这段感情。如果包丽在她第一次提出分手之后果断离开，那么悲剧就很可能不会发生。因此，无论他在你提出离开之后表现得多么懊悔，你都不要心软，因为在反社会型人格者的心里，他只有把你留下，才有机会继续“施虐”。

假如你不幸的是反社会型人格的刺猬

反社会型人格者是一只具有侵略性的刺猬，这只刺猬充满了攻击性。当这只刺猬遇到另一半时，它就像是找到了征服的对象一样，极易在亲密关系中获得操纵感。反社会型人格者不一定会在亲密关系中伤害对方，但往往极具“杀伤力”。

1. 学习与自己的“念头”相处

看起来风度翩翩、优秀、完美的你，是大家公认的情场高手，因为你非常擅长分析别人的表情和情绪。多数反社会型人格者显得理性、克制，也有一部分反社会型人格者表现得冲动又莽撞。你要学习探索自己内心的“冲动”背后的想法，学着不要让冲动变成行为。当这种“心念”在心中悄然升起时，你要学习与自己的“心念”相处，尝试追踪这一念头的源头，并用理性压制这一念头。

2. 正念训练，培养同理心

反社会型人格者往往看起来很清醒、很理性，事实上是被消极的信念困住了。恋爱之初，恋人往往会被其自律、冷静、克制吸引，但同理心的匮乏使反社会型人格者很难进入别人的感情世界。要让自己内心的冰山一点点融化，只靠爱人的温度显然不够，你还需要学习如何真诚地表达自己。亲密关系进入稳定期后，你的冷静变成了冷漠。内心有裂缝之处就是光照进来的地方。请反思，自己是生性凉薄，还是缺乏自省、抗挫折能力不足。

3. 学会放手

反社会型人格者的词典中没有“爱”，他们的“储爱槽”是空的，而且恋人的爱填不满他们的空。如果你无法使自己内心的冰山消融，你就需要告诉自己：“放爱一条生路。”亲密关系的深处是彼此的赤诚相见，你的操纵欲在这种情况下更容易被激发出来，因此你应学会放手，这既能保护对方，也能保全自己。

4. 谁是你的亲密爱人

两个反社会型人格者的相遇往往会使双方成为彼此的“致命爱人”。思维模式、价值观的接近往往会使两个反社会型人格者在刚开始相处时很投机，但是反社会型人格者的特殊性格特点也使两个人不会深交。在反社会型人格者的心中，对方永远比不上自己。也许在某个临界点，双方会反目成仇。反社会型人格者可以参与一些专业的心理治疗。

电影推荐：《煤气灯下》

电影《煤气灯下》于1944年上映，由美国导演乔治·库克执导，电影围绕英格丽·褒曼主演的宝拉和查尔斯·博耶主演的安东讲述了一个极具希区柯克风格的悬疑故事。男主角安东为谋取珍宝，不惜在杀害宝拉的姨妈后又接近宝拉，并采取了一系列令人匪夷所思的手段，对宝拉进行精神控制。

安东与宝拉谈恋爱，并以结婚为由说服宝拉搬进姨妈的房子里住，这样他便可以找寻丢失的宝物。面对宝拉，安东选择对她进行精神控制。安东制造了一系列“陷阱”，让宝拉逐渐觉得自己健忘、精神失常。安东送给宝拉一枚吊坠，后来他偷偷地将它藏起来，又故意问起吊坠在哪里，找不到吊坠的宝拉觉得自己有些健忘；安东每天晚上会故意将煤气灯光调暗，却伙同佣人南西谎称灯光正常，这让宝拉变得精神恍惚；安东故意将卧室里的一张挂画藏在宝拉知道的位置，然后质问宝拉为何要将挂画私藏，面对质疑宝拉被逼着寻找，令她感到意外的是她总能找到，这更让宝拉认为自己有问题；安东会每晚偷偷地溜进宝拉认为已经封死了的阁楼，一阵阵的脚步声折磨着宝拉，逐渐让宝拉认定自己精神失常。安东对宝拉毫无爱意，一味地为自己的利益欺骗、毒害宝拉。

但命运最终还是眷顾了宝拉，警探布莱恩在长时间的侦察取证后发现了安东的阴谋，让宝拉看到了真相。布莱恩让宝拉意识到有人在控制煤气灯光，让宝拉相信自己并未出现幻听，让宝拉知道自己的姨妈是被安东杀害的。安东在被押走前，对宝拉说："我不求你原谅我，我做的一切都是为了那些珠宝，我像着了魔似的，我脑海里的那把火分隔了你我，我这辈子都在觊觎那些珠宝，我不知道为什么。"安东为了珠宝，先杀害了姨妈，又对宝拉进行精神毒害，他完全没有羞耻心和内疚感，甚至在最后一刻也没有认识到自己的行为给宝拉带来了多大伤害。